井上洋治著作選集

1

日本とイエスの顔

日本キリスト教団出版局

遠藤周作夫妻、矢代静一夫妻、阪田寛夫と初めてのイスラエル巡礼
（死海のほとり、1970年4月）

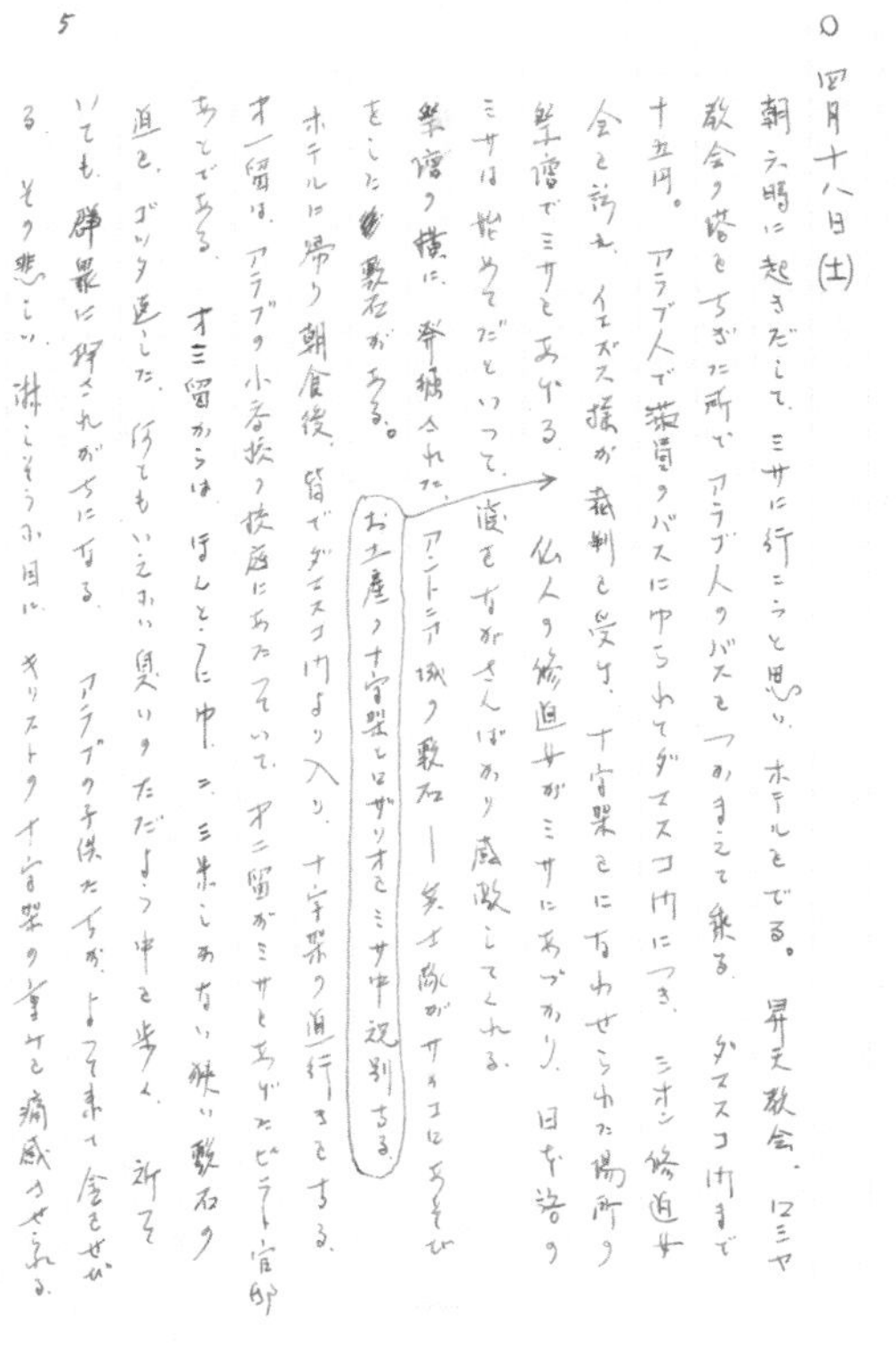

5

○四月十八日（土）
朝六時に起きだして、ミサに行こうと思い、ホテルをでる。昇天教会、にミヤ
教会の塔をちぢた所でアラブ人のバスをつかまえて乗る。ダマスコ門まで
十五円。アラブ人で満員のバスにゆられてダマスコ門につき、シオン修道女
会を訪ね、イエズス様が裁判を受け、十字架をになわせられた場所の
聖堂でミサをあげる。仏人の修道女がミサにあづかり、日本語の
ミサは始めてだといって、涙をながさんばかり感激してくれる。
聖堂の横に、発掘された、アントニア城の敷石ー兵士隊がサイコロあそび
をした敷石がある。
（お土産の十字架とロザリオをミサ中祝別する。）
ホテルに帰り朝食後、皆でダマスコ門より入り、十字架の道行きをする。
才一留は、アラブの小学校の校庭にあたっていて、才二留がミサをあげたピラト官邸
あとである。才三留からは、ほんとうに巾二、三米しかない狭い敷石の
道を、ゴッタ返した、何ともいえない臭いのただよう中を歩く。祈って
いても、群衆に押されがちになる。アラブの子供たちが、よって来て金をせび
る。その悲しい淋しそうな国に、キリストの十字架の重さを痛感させられる。

初めてのイスラエル巡礼の日記より
（1970年4月）

『沈黙』執筆のために長崎をめぐる遠藤周作の取材の旅に同行する
（1965年4月）

信濃追分にて、堀辰雄が愛した野の石仏の傍らで
（1971年4月6日）

井上洋治著作選集1『日本とイエスの顔』

＊目次＊

装幀　熊谷博人

第一部

日本人の心で読む聖書

第一章　ことばといのち

私には忘れられない一つの思い出があります。

私がまだキリスト教にも入信していない学生の頃ですから、もう四十年近くも前になるでしょう、秋のある晴れた日、数人のカトリック信者の友人に誘われて、あるハンセン病病院を訪れたときのことです。

それは講堂での私たちによるつまらない劇らしいものが終ったあと、歩くとミシミシとなる、クレゾールの匂いのしみこんだ西日のあたる廊下を通って、ある粗末な木造の病室を訪れたときのことでした。今はもうよい薬もできて、病気も完全になおりますし、そのようなことはないのですが、当時はまだよい薬もなかったので、生まれて初めてハンセン病の患者のかたがたと接した私には、短く刈り込んだ髪の毛と植えマツ毛のために男女の区別もよくつかず、皆が同じようなお年寄りの顔に見えてしまうのでした。いつもなんとなくおどおどしていた私は、二十歳のおじょうさんを六十歳くらいのおじいさんと見間違えてしまってからは、ますますどうしてよいかわからないような状態になっていました。そのような私の気持を察してくださったのでしょう、反対に訪問者の私を慰めてくださるかのように、一人の患者さんが私にむかって語りかけてくださったのでした。

中学校を卒業後、努力してある商売を身につけ、奥さんも迎えることができ、二人の子供にも恵まれたそのかたの幸福な日々を、ある日暗闇のどんぞこに突き落としたものは、そのかたにたいするまったく思いもよらぬハンセン病の宣言だったのでした。

ことも愛する家族とも別れなければならないし、もう世間にもどって皆と楽しく映画をみたり酒を飲んだりすることもできないんだと思って入院当初はほんとうにたいへんでしたよ、淡々として語ってくださるその言葉の裏には、どんなに暗く深い孤独の日々の苦しみがかくされているのか、氷のようにコチコチに硬くなっていた私の心にもそれはよみとることができるような気がしました。

孤独というもののおそろしさ、それはまだ人生というものを知らないといってよかった未熟な私の心にも、痛いほどよくわかりました。

フロムというアメリカの心理学者が、人間の持っているいちばん深い欲求は孤独からの脱却の欲求である、といっていますが、死への恐怖も、結局は孤独への恐怖につながるものではないでしょうか。

ハンセン病というものの真の苦痛は、その病そのものにあるのではなくて、その病が人を追いこんでゆく孤独のなかにあるのだ、なにか私はいまさらながら愕然とさせられた思いで立ちすくんでいたのでした。

手は消毒液で必ずよく洗ってくださいね、そう注意した看護婦さんの言葉が、うつりはしないんだろうかという恐れとともに私の心に暗雲のようにひろがり、私の心のなかでは、絶対にそのような感情を外にあらわしてはならないという気持が、その恐れの感情と烈しく交錯し戦い続けていました。

その場の空気をやわらげようとなさったのでしょう、「紅葉がきれいですよ、どうですか」、そうおっしゃって窓の外を、もう指もくっついてしまってなくなっているようなこぶしでさし示されたときも、私にはその窓外の紅葉を美しいと感じる余裕さえなくなっていたのでした。

夜、ひとり別棟にさがって、私は胸ふさがる思いで、灯《あかり》のかすかにもれてくる病棟をながめました。自分の意志からではなく、まったくの運命のいたずらともいうべきものに左右されて、家庭も恋人もうばわれ、一生をこの土地に送らなければならない人たちの哀《かな》しみが、繰返し繰返し、怒濤のように暗闇のなかから私の心をゆすぶり続けるのでした。

こわいものにでもふれるような態度しかとれなかった昼間の自分の姿に、深く自己嫌悪にとらわれ、寝つかれないままに、哀しみの潮騒《しおさい》に心洗われていた私は、しかしふと、波打ちぎわに残された一片の桜貝にも似た、ある暖かな思いが、ポツンとその哀しみの波打ちぎわに残されていることに気づき始めたのでした。

それは、なにか、私はゆるされている、という思いにも似たものでした。

内心びくびくしながらも、表面上は何でもなさそうに振舞い、たった一日だけ友人のように強《し》いて行動しながら、翌日はほっとしたような思いで世間に帰ってゆく、そのようないわば偽善的な私をわかりながら、しかも、それでいいんだよ、とでも言っていてくださるような、あの年老いた病人のかたの姿でした。そしてそれと関連して、ふっと私のあたまをかすめたものは、ガランとした病室のベッドの上に置かれていた、うみで頁もところどころくっついてしまっている聖書なのでした。

聖書とはいったい何が書いてある本なのだろうか、ろくに聖書に関する知識も持っていなかった私は、翌日、木洩れ日の美しい雑木林の中を、そんなことを考えながら歩いたのを今もはっきりと覚えています。

それが私の人生における聖書とのいわば初めての真の出会いであり、また同時に、私の人生をとらえ、私の人生を完全に変えてしまったイエス・キリストという人との出会いなのでした。

ふつう私たちがものを知るのには、二通りの方法があります。概念、言葉によって知る場合と、体験によって知る場合です。たとえば、スキーとはどういうものかを知るために、書物を開いて、一所懸命スキーに関する知識を集めるという場合と、実際にスキー場に行って雪の上を滑ってみるという場合です。スキーに関してたくさんの知識を持っている人は、スキーについてよく知っているといえましょう。しかしほんとうの意味で、スキーをよく知っている人は、実際にスキーを体験した人であるといえます。たしかに知識は役に立つものです。体験の手助けにもなるでしょう。しかし概念や言葉だけでは、そのものについて知ることはできても、ほんとうの意味で、ものを知るということはできないと思います。

学生時代から一人で旅をすることがこの上なく好きだった私にとっては、どうしても旅と旅行とは、たいへんちがったもののように思われてなりません。

旅行といえば、会社の慰安旅行とか、学生の修学旅行とか、あるいは研修旅行、観光旅行というふうに、旅行会社なり、あるいは幹事なりに引率されて、みんなが決められたスケジュールのなかで、ぞろぞろとついて歩くというイメージがすぐ頭に浮かんできます。

しかし私にとって、旅とはそういうものではありません。

一個の路傍の石、一本の草花、崩れかかった土塀、何でもよいのです。そういった自然がふと私の心に語りかけてくれたときは、その語りかけに耳を傾け、自然が沈黙しているときは、静かに黙ってそのそばを通りすぎてゆく、そういうのがほんとうの旅というものではないかと私は思っています。よく気のあった少人数の仲間と旅をすることには、またそれなりの自然をも含めた歓談の楽しさがありますが、自然と一対一で静かに語り合いながらすごす一人の旅には、またそれなりの言いようのない趣のあることもまた確かなことだと思います。

今から二十年以上もまえ、まだ飛鳥路が今のような観光ブームにのっていない頃、友人のすすめで私はひとり飛鳥路に橘寺を訪れたことがありました。

当時まだ日本の古代史にも飛鳥地方の地理にもほとんど無知であった私は、まず一冊の粗末なガイドブックを求めてきて、どうやったら橘寺に行けるのかをしらべてみました。次にガイドブックに記載されている簡単な橘寺に関する説明は、やはり聖徳太子やそれにまつわる古代史を知らねばわからないと思い、古代史に関する本も買ってきて読みました。まあだいたいこれくらいで、あとは飛鳥から帰ってきてから勉強しようということに決めた私は、まだ早春の風が冷たい三月のある日、休みをとってふらりと飛鳥に向かいました。近鉄岡寺駅を降り、かつて憎悪による殺戮が無残に繰りひろげられたなどとはとても考えられないような、静かな美しい田園の風景を満喫しながら、地図をたよりに私は橘寺に向かいました。

日はやや西に傾きかけていて、客ひとりいない橘寺の境内には、桃のかおりが一面に漂い、近所の子供なのか、まだ四つか五つくらいにしかならない童女が二人楽しそうにまりをついて遊んでいました。

そのときの、この飛鳥の古寺との夕暮れの語らいを、私は今も忘れることはできません。

桃かをる　橘寺に　日はかげり
童女《わらべ》無心に　まりとたはむる

このような歌にもならない歌を生まれて初めてそのときつくってみたのも、静かな古寺の語りかけが、私の心に忘れられない深いものを残したからだったのでしょう。

百聞は一見にしかず、という日本の古くからの諺《ことわざ》には深い真実がこめられています。

百聞は意味がないというのではありません。飛鳥に関するさまざまな知識は、たしかに、私と古寺橘寺との語らいの体験を深めるのに役に立ったでしょう。しかし、概念による知識はいくら豊富にそれを集積してみても、ただそれだけで、語らいの根源的体験を欠いていれば、それは生命のない亡骸《なきがら》と同じといえましょう。

飛鳥はどういう土地でありどういう歴史を繰りひろげてきたのか、ということを写真入りで細かく説明した本を理論書と呼ぶならば、そういう説明は多少あったとしても、まず第一に、どうやったら飛鳥に行ってそれらの跡を見て廻ることができるのかを具体的に説明した本は、実践指導書であり案内書《ガイドブック》であるといえるでしょう。

その意味では、新約聖書はまず第一に私たちへの問いかけの書物であり、私たちがどうしたら永遠の生命に至れるかを説いた実践指導の書物であるといえます。このことを忘れると、〝論語読みの論語知らず〟ならぬ聖書読みの聖書知らずになる危険があります。

ガイドブックというものは、人に橘寺なり、檜隈寺跡なりに行く道を示すことはできます。しかしガイドブックに限らず、理論書であっても、およそ言葉というものは、橘寺というもの、檜隈寺跡というものを私たちにほんとうの意味で教えることはできません。

フランス国籍をもっていたユダヤ人の哲学者のベルクソン[1]という人は、この点に関してたいへんうがったことを言っております。

古代ギリシャのソフィストのゼノンという人がいました。この人は〝ゼノンの逆理〟と呼ばれているいくつかの逆理を呈出したことで知られている人ですが、その逆理の中に〝アキレスと亀〟というのがあります。

一秒間に十メートルを走るアキレスという人が、一秒間に一センチメートルを歩く亀を追い越そうとして、亀より百メートル後ろから亀と同時にスタートします。アキレスが十秒かかって亀のスタート地点に達したときは、亀は十センチメートル先を歩いています。百分の一秒かかってその亀の地点に到達したときには、亀はさらに百分の一センチメートル先を歩いていることになります。その亀の地点にアキレスが到達したと

1　一八五九―一九四一年。フランスの哲学者。一九二八年ノーベル文学賞受賞。主著に『物質と記憶』『創造的進化』など。

きは、亀はさらにその先を歩いています。その結果、アキレスと亀との差は限りなく小さくはなってゆきますが、しかしアキレスは決して亀を追い越すことはできないというのがゼノンの逆理であったわけです。

ベルクソンは、この〝アキレスと亀〟のゼノンの逆理を例にあげて、無限に分割できる空間とはちがって、分割できない運動というものを、無限の静止している点の集まりとみるところにゼノンの誤りのあることを指摘しているわけですが、ベルクソンにとって、実在は常に持続し動いているものです。ちょうど踊っているバレリーナをカメラでとるように――ものの真の在り方を今、実相という言葉で呼ぶとすれば――人間の理性は、この流動している実相を概念というスナップ写真にとらえ、その写真を何枚もならべて実相をとらええたと思う錯覚に陥りやすい傾向を持っていると言わなければなりません。スナップ写真を何枚並べてみても、踊っているバレリーナの躍動の美を写しだすことは不可能でしょう。それでもスナップ写真は、実際に踊っているバレリーナのある瞬間を静止的にではあってもそのままとらえています。しかし言葉や概念は、スナップ写真のように、実相を静止的にでもある瞬間にとらえているというようなものではなくて、実相の体験を他人に伝えるしるしであり、いわば生きている肉体を生命のない亡骸《なきがら》としてとらえているようなものだといえましょう。

そのうえ、理性の言葉や概念による写真はいろいろな民族の話すさまざまな言語によって、それぞれ異なった角度からとられた、かなりかたちのちがった写真になってしまっていると考えざるをえません。

ドイツの言語学者バイスゲルバーは、「母国語の世界像」という論文のなかで、親族をよぶ呼びかたを種々の言語において比較しながら、母国語というものが、いかにその母国語をしゃべっている人間の経験と思考に無意識のうちに大きな影響をあたえているものであるかを明白に述べています。

慶応大学の言語文化研究所の鈴木孝夫氏も、『ことばと文化』という著書のなかで、言葉というものは、渾沌とした、連続していて切れ目のない素材の世界に、人間の見地から、人間にとって有意義とおもわれる仕方で、虚構の分節をあたえ、そして分類する働きを担っているものだといっています。

鈴木氏は机という具体的な例をあげてこれを説明しています。机といえば、普通だれでも机というものがまずそこに客観的に存在しており、その客観的に存在している机というものに机という言葉のレッテルをはりつけるのだと考えがちです。しかしはたしてそうでしょうか。

机には木でできたもの、鉄でできたもの、また時にはガラス製、コンクリート製の机もあります。脚も一本のものから会議机のように何本も脚のあるもの、壁に板がはめこんである造りつけのものもあります。形もさまざまです。高さも、日本間で座って使う低いものから椅子用の高いものまで、いろいろと違います。そう考えますと、机を形、素材、色、大きさ、脚の有無および数などという外見的具体的な特徴から定義することはほとんど不可能なことがわかってきます。もし強いて定義すれば、鈴木氏のいうように、「その前で人がある程度の時間、座るか立ち止まるかして、その上で何かをする、床と離れている平面」というような長ったらしい定義をあたえなければならなくなるでしょう。そしてこの定義も、注意してみれば、人間特有の観点からなされているのであって、猿や犬や猫の目から見れば、ある種の棚と机と食卓の区別はまったくつかないはずだといってもよいでしょう。

言葉というものが、絶えず流れているいのちの世界を、生きとし生けるものを支えている根源としての何か――私はこれを無とよんでもよいと思うのですが――をあたかも整然と区別されたものやことのそれぞれ独立した集合であるかのように人間に示す虚構性を本質的に持っているものであるなら、私たちがものの真のすがた、いのちにふれようと思うときには、ものと自分との間に立ちはだかっている言葉というものを乗り超えて、その真のすがたに接するという行為が必要です。

人間理性は、主体―客体の関係を超えた（あるいは根拠づけているといった方がもっと適切かもしれませんが）流動するいのちの世界を、いわば飛んでいる小鳥をうつすスナップ写真のように固定させ継ぎ合わせてとらえているのだということを忘れてはなりません。

しかし近代西欧の合理主義の影響を強く受けている私たちは、ものの生命にふれ、ものをしるよりは、ものについて言葉で考え、ものについてしることに、あまりにも慣れすぎてしまっているのではないでしょうか。

この花は何という花ですかと訊《き》いて、これはアジサイですよと言われれば、花に名前（ことば）をつけただけでわかったような気になっている私たちですが、花に名前をつけただけでいったい雨に打たれて濡れているアジサイの花の生命がどれだけわかったのでしょうか。

言葉も理性もたいせつなことはもちろんです。言葉がなければ私たちは自分の体験や知識を人に伝達することができません。パウロ[2]も信仰は聞くことから始まるといっています（『ロマ書』一〇章一七節参照）。しかし言葉にとらわれすぎること、《について知る》ことにとらわれて、《を知る》ことを忘れることにはやはり大きな問題があると思わざるをえません。

私たちが普通に学問的真理などというときの真理という言葉は、もともとギリシャ語ではアレテイアという言葉で、語源の意味は、レテイア《覆《おお》われている》という語に否定の接頭辞のアがついて、《覆われていない》という意味なのだといわれています。したがって真理を把握するということは、覆いを取り去ってほんとうのものの姿をとらえるということになるでしょう。

人間とは何であるか、生命とは何であるか、世界とは何であるか、ギリシャ以来の西欧二千年の歴史は、いわば問いを発している自分のまえにものを置いて、《……とは何であるか》ということを理性と概念をも

2　紀元一世紀頃のキリスト者。小アジアなどに赴き、キリスト教を伝えた。その書簡の多くが新約聖書に収められている。

って把握しようと努力してきた歴史であるといえましょう。

それは人間理性に対する絶対の信頼にもとづいており、理性によってものの真理は把握され表現されうるという信念です。そしてその理性は、今私たちが人間であるかぎりだれもが持っているそのままの状態で、その能力を活用しさえすればものの真理を見きわめることができるということだと思います。

人間理性は本来対象の覆いを取り去ってそのものの姿をつかみとる能力を持っているのだ、という人間理性への信頼だともいえるでしょう。

もともとギリシャ語で理性を意味するロゴスという単語は、同時に言葉という意味をもあわせ持っており、理性と言語・概念というのは彼らにとっては切り離すことのできないものです。したがって、理性への信頼は同時に言語・概念への信頼を意味し、ほんとうのものの姿が理性によってとらえられるということは、それが言語と概念によってあらわしうるということをも意味しているといえましょう。

人間は理性的動物であるとアリストテレスは言いました。「我思う、故に我在り」という有名な命題を打ち立てたのは、近世ヨーロッパ思想の祖といわれる十七世紀のフランスの思想家デカルトでした。ヨーロッパの伝統がつねに重んじてきた〝思う〟〝考える〟ということは、いつも何かについて思い、何かについて考えることだったと思います。そこで前提とされているものは、見るものと見られるもの、考える主体と考えられる客体の区別、さらにいえば主体と客体との主客分離・対立の状態であるといえましょう。

このものについて知るというとらえ方は、ものが――ものという言葉は、この言葉自体がすでに主体に対して目の前にあるということを前提としている言葉なので、ほんとうは使用を避けたいのですが、ほかに表現しにくいのでこの言葉を使わしてもらうならば――主体に対立して、主体の外にある場合にはたいへん有効な便利な考え方だと思います。しかし、ひとたびそのものが、主体―客体という両方をも包み込んでしまうようなもので、決して主体の外に対象として立つということができないような場合でも、無理矢理に理性を使ってそのものを対象化しようと努めるために、そのものをいわば漫画化してしまうような、とんでもない過ちを犯す危険をはらんでいるといえるように思います。

ヨーロッパ中世の代表的神学者トマス・アクィナス[3]という人は、アリストテレスの哲学を土台として堅固な神学体系をつくりあげた人ですが、〈自ら動かずして万物を動かす〉というアリストテレスの第一原因についての考え方を神の存在証明に使用しました。トマス自身はそんな誤りは犯していませんが、その亜流の人たちが神を宇宙の外に対象としてある何かとしてとらえるに至ったことはかなり自然であったといわなければなりません。鬚《ひげ》のはえたお爺さんとして神を考えるというようなことはありえないとしても、前にある、自分の外にある神、客体、対象となりうる神を大部分のキリスト者は考えていたのではないでしょうか。いずれにしても、私たちを超えて高いところにある超越としての神に重点がどうしても置かれてしまって、万物に内在し万物を包みこむ神という点がおろそかにされていたことは否定できないように思えます。

この主客対立を前提とし、主体が客体について知ろうとするのがギリシャ・ヨーロッパの考え方の主流とするならば、古事記以来の日本文化の底を流れてきたもののとらえ方は、あきらかに《を知る》ということに重点がおかれていたように思えます。それは日本人がもっとも関心を持ち、またたいせつにしてきたことが、主体に対立する客体としての世界ではなくて、主体も客体も共に包みこんでしまう根源的な生命力とも

3　一二二五頃―七四年。イタリアの盛期スコラ学最大の哲学者、神学者。ドミニコ会士。主著として『神学大全』『対異教徒大全』。

いうべき何かであったからだと考えられます。

和辻哲郎[4]は、その著『日本倫理思想史』のなかで、古事記の神々は、祀《まつ》られる神、祀って祀られる神、祀る神、祟《たた》る神の四種類に分類されることを指摘したのち、なぜ祀る神がたんに祀られるだけの神よりも尊いとされるのかを問題として、次のように説明しています。

祭祀も祭祀を司どる者も、無限に深い神秘の発現しきたる通路として、神聖性を帯びてくる。そうしてその神聖性のゆえに神々として崇められたのである。しかし無限に深い神秘そのものは、決して限定せられることのない背後の力として、神々を神々たらしめつつもそれ自身ついに神とせられることがなかった。

（『日本倫理思想史（一）』岩波文庫、二〇一一年、102頁）

神々の根源は決して神として有るものにはならないところのもの、すなわち神聖なる「無」である。それは根源的な一者を対象的に把捉しなかったということを意味する。

（同）

また古事記の冒頭は次の言葉で始まっています。

天地初めて発《ひら》けし時、高天《たかま》の原に成れる神の名は、天之御中主神《あめのみなかぬしの》。次に高御産巣日神《たかみむすひの》。次に神産《かみむ》巣日神《すひの》。此三柱《みはしら》の神は、並独神《みなひとりかみ》と成り坐《ま》して、身を隠したまひき。

次に国稚《わか》く浮きし脂《あぶら》の如くして、久羅下那州多陀用弊流《くらげなすただよへる》時、葦牙《あしかび》の如く萌《も》え騰《あが》る物に因りて成れる

4　一八八九―一九六〇年。哲学者、倫理学者。「和辻倫理学」とよばれる倫理学を構築した。主著に『風土』など。

神の名は、宇摩志阿斯訶備比古遅《うましあしかびひこぢの》神。
（『古事記／祝詞』［日本古典文学大系1］岩波書店、一九五五年、51頁。漢字は現代用いられる表記にした）

ここにでてくる産巣日《むすひ》という言葉は、ものをうみだす不思議な力というような意味と考えられますので、根源的な生命力と関係している言葉と思われます。また「うましあしかびひこぢの神」も、早春に葦の芽が岸辺からすくすくと成長してゆく、その生命の力が目の前にうかんでくるような神の名であり、この萌えるような生々とした葦の芽のイメージのなかに、古代日本人は、ものの根源の生命といったものを視ていたといえましょう。

これを先の和辻の理論と合わせて考えてみたとき、日本人は昔から、主観と客観という図式によってはとらえられない、人間も自然も共にそこから派生してくるような根源的な生命力ともよべるような何か、それをいつもいちばんたいせつなものとし、それを体験によってとらえることに、絶えざる憧憬と努力とをはらってきたように思えます。

〝やまとうたは、ひとのこころをたねとしてよろづのことの葉とぞなれりける。……花になくうぐひす、みづにすむかはづのこゑをきけば、生きとし生けるもの、いづれかうたをよまざりける〟。

この有名な紀貫之の古今集の仮名序の一節を読んでみても、貫之にとって歌とは、花に鳴くうぐいす、水に住む蛙の声と同じく、この根源的な生命力ともいえる何かが、人間の生命と言葉を通してほとばしりでてくるものであったといえましょう。

まえにも述べたように、この根源的な何かは、ギリシャ・ヨーロッパ風に、理性という剣をもって対象の世界を個々のものに切りきざんでいく方法では、決してとらえることのできるものではありません。それは主観―客観という図式にあてはめて対象をとらえようとしたときは、指の間からもれる空気のようにぬけおちてしまうでしょう。中谷宇吉郎が、その著『科学の方法』のなかで鮮やかに展開しているように、分析・総合、数量化、統計などという方法を通して対象をとらえてゆく自然科学的なもののとらえ方にたいしても、主観―客観という図式を前提としているかぎり同じことがいえると思います。

本居宣長が源氏物語を称して〝もののあはれの物語〟といったのは周知のことですが、「石上私淑言《いそのかみのささめごと》」や「紫文要領」などの関係個所を読んでみれば、あわれとは感動の感嘆詞であり、〝もののあわれを知る〟ということも、もののかたちをとらえるのではなく、感動の源となっているもののいのち、ものの心をとらえることだったということがわかります。

世中にありとしある事のさま〴〵を、目に見るにつけ耳にきくにつけ、身にふるゝにつけて、其よろづの事を心にあぢはへて、そのよろづの事の心をわが心にわきまへしる、是事の心をしる也、物の心をしる也、物の哀をしる也、其中にも猶くはしくわけていはゞ、わきまへしる所は物の心事の心をしるといふもの也。

（「紫文要領」）

もののあわれを知る、ということは、したがって一種の認識であると考えられますが、それはヨーロッパ的なとらえ方とは異なり、知る主体と対象である〝事の心〟とが一つに共鳴融合しあっている場、意識の根源に広がっていて主―客を包んでいる根源的ないのちの場において、もののこころにふれるのだということができましょう。

古池や　蛙《かはづ》飛びこむ　水の音

というだれでも知っている有名な芭蕉の句があります。鈴木大拙の『禅と日本文化』という著作によれば、芭蕉がある日参禅していたとき、ある禅師に「青苔未だ生ぜざるときの仏法如何」と問われて、「蛙飛びこむ水の音」と芭蕉が答えたものだといわれています。十七文字の俳句にするために、あとで古池やの五文字を加えたというのですが、この句によって芭蕉がいわんとしていることは、古池や蛙や水の音などという言葉で表現されたものの集合ではありません。こういう言葉に凝結した芭蕉自身の生の体験であり、生きとし生けるものを支えている根源的なものの体験です。それは古代日本人が、神々の背後の力として感じとっていたものに明白に通じるものであるといえましょう。

「西行の和歌における、宗祇の連歌における、雪舟の絵における、利休が茶における、其貫道するものは一なり」という、「卯辰紀行」の有名な冒頭の句を思うとき、それこそ言葉にならないものなので何とよんでよいかわかりませんが、日本文化の底を流れてきたものは、つねにこの〝生きとし生けるものをささえている根源的な何か〟《を知り》、体験によってとらえようとするものであったといえると思います。この何かは、決して《について知る》ことのできるようなものではなく、また己れに執着し、我欲にまどわされている人の心には決してとらえられるものではないと気づかされたとき、風雲に己れを任せる西行や芭蕉の旅という行為がうまれてきたのでしょう。

したがって、日本の伝統的精神風土においては、ものの真のすがたをとらえるということは、ギリシャ以来のヨーロッパ思想のごとくに、アレテイア、すなわち対象の覆いを理性によって取り去るということではなくて、むしろ主体の側にかかっている覆いを行為によって取り去って、根源の何かを現前させるということであったといえるでしょう。そして主体と客体、見るものと見られるものとの対立自体がすでに主体にかけられた覆いによるもので、ものの真のすがたは、理性の働きによる主体―客体という図式によって示される以前の、概念化しえない場においてとらえられるものであったといえると思います。

《について知る》という、理性と概念による自然科学的なもののとらえ方、合理主義的な発想にあまりにも慣らされすぎてきてしまった現代の私たちは、ここで、日本文化が長いあいだたいせつにしてきた《を知る》というもののとらえ方を思い出し、《について知る》ことだけが唯一の知識であるという偏見を思いきって打ち破ることが必要であると思います。

以前私はこういう話を聞いたことがあります。

ある学校で生徒にボール投げをやらせることになり、まず実技の前に心構えとやり方とを教室で教えることにしました。その後実技に入ることになり、グランドでやらせてみると、フォームとか球の持ち方は巧《うま》いのですが、球がとんでもない方向に行ってしまうし、受けとる方もスタイルはいいが、球を顔にあてて顔をはらせてしまう生徒が続出してしまったというのです。これは初めから知識で細かいテクニックを教えすぎて、実際に身体がついていかなかったためでした。野球の醍醐《だいごみ》味を説明し、ごく簡単な注意をあたえて、あとは行為自身のうちで各自に野球をおぼえさせ、その醍醐味を会得《えとく》させるようにしなければ、あらかじめ入れた頭の知識はかえって行為のブレーキになることを忘れていた例であるといえましょう。

鈴木孝夫氏が、『言葉と文化』の中で述べていることですが、きわめて日常的であたりまえと思われるようなありふれた言葉を辞書でひくと、次々に堂々めぐりになっていることに気づきます。

〝甘い〟という言葉を岩波の『広辞苑』でひいてみます。すると〝甘しの口語形〟とでており、〝甘し〟をひくと、〝砂糖、飴などの味にいう語〟とでています。これは〝甘い〟とはどういうものか説明しているのではなくて、いわばどうすれば甘いという体験が得られるかという方法を読者に示しているだけです。鈴木氏によれば、これは日本の辞書がいい加減だとかいうことではなく、世界中のどの辞書でも同じことだということです。しかし考えてみれば、これはたしかに言葉だけではなく、《について知る》ということのある限界を示しているのであって、〝砂糖をなめてみなさい。そうすれば甘さとはどういうものか、あなた自身が自分でわかるでしょう〟という行為の要求以外、私たちは甘さというものを教え、伝えるすべを持っていないのです。

生きがい、しあわせ、よろこび、愛などという、人生にとってもっとも深くそして身近なものについて、私たちが同じことしかいえないのは当然なことではないでしょうか。

たしかに、飛鳥に関する歴史書は、飛鳥への興味を私の心にうえつけ、飛鳥に関してのさまざまな知識を私に提供してくれるでしょう。案内書は、どうやれば橘寺に行くことができるかを私に示してくれるでしょう。しかし私が、ひとたび決心して、実際に歩き始め、電車に乗り、という行為を起こさないかぎり、文字や知識は決してあの橘寺との語らいの出会いへと私を導いてくれることはできなかったでしょう。どんなに多くの書物を読み、知識をたくわえ、そこへ行く道を知っていても、そこへ向けて出発しようという一念を起こさない人は、ほんとうの意味でそのものを知ることはできないでしょう。

聖書、特に新約聖書が行為を要求する実践的指導の書であり、私たちに永遠の生命への道を説きあかしてくれる書であるなら、一念発起《ほっき》してその教えに従おうと決意し、行為を起こさないかぎり、ほんとうの意味でイエスの教えをわかることはできないと思います。言葉や概念の字づらにとらわれていたのでは、聖書を通して、イエスの教えをほんとうの意味で聴き、理解することはできません。それではまるで、スキーの解説書を前にして一所懸命字づらを解釈し、自分はちっともスキーをはいて雪の上をすべろうとはしない人たちと同じです。その人にはいつになってもスキーの醍醐味はわからないでしょう。

イエスの教えを、真に理解しようとする人は、字づらを超えて、イエスを生かし、また私たちをも現に生かしている実相——これは後で詳しく述べるように、永遠の生命—場なのですが——の体験を己れのものとしなければなりません。いや、もっと正確にいうならば、その実相の働きによってとらえられるということでなければなりません。

「それで、わたしのこれらの言葉を聞いて行うものを、岩の上に自分の家を建てた賢い人に比べることができよう。雨が降り、洪水が押し寄せ、風が吹いてその家に打ちつけても、倒れることはない。岩を土台としているからである。また、わたしのこれらの言葉を聞いても行わない者を、砂の上に自分の家を建てた愚かな人に比べることができよう。雨が降り、洪水が押し寄せ、風が吹いてその家に打ちつけると、倒れてしまう。そしてその倒れ方はひどいのである。」

(『マタイ福音書』七章二四—二七節)

パレスチナは冬の雨期を除いて一年の大半は乾燥期に属し、南部のユダの荒野に近いあたりには、雨期だけ水の流れるワジと呼ばれる河床がいたるところに見うけられます。このワジは雨期に入って雨が降ると、すごい勢いで水を流すことがあります。このイエスの言葉は、そのパレスチナの国土を背景として初めて理解されるものですが、行為することによって初めて見えてくる何か、聞こえてくる何かというもののたいせつさを説かれたものといえましょう。

イエスの福音をも、ヨーロッパのキリスト教は、私たち日本人の目から見れば、あまりにも理性によって理解しようとしすぎてきたように思われます。そしてその結果、すべてのものを成りたたせている根源であり生命である、したがって対象化することのできない根源的な何かを見落とし、神をも主体に対立する一つの客体としてのもの、どんなにすぐれているとしても結局は多くのもののうちの一つのものでしかないような形でとらえていく傾向が強かったと思います。主体に対立する客体としての神が、自然科学的宇宙像の発展とともに次第にその場を失い、ついに〝神の死〟に至ることは当然のことといわなければなりません。宗教は科学によって仮面をはがされた、弱者の幻想にすぎないというような素朴な考え方も、神を前にある一つのものとして考えた結果ではないでしょうか。

第二章　聖書を読むにあたって

聖書、特に新約聖書は、私たちひとりびとりの人生の旅路の指導となり支えとなるイエスの教えを受けとめた弟子たちの信仰宣言と語りかけの書です。

これはどの本を読む場合にも多少はいえることですが、特に聖書を繙《ひもと》くにあたっては、私たちは普通に文学類型といわれている事柄に特に注意しなければならないでしょう。すなわち、ある書物なり記事なりが、いったいどういう種類に、類型に属しているかという問題です。

もし私たちが、いま自分の読んでいる本はどういう種類に属する本かを知らないでその本を読めば、ときには取り返しのつかない大間違いをしてしまうことになりかねません。毎朝新聞を手にとって読んでいるときも、無意識のうちに私たちは、自分のいま読んでいる記事がどういう種類のものであるかを判別しながら読んでいるはずです。新聞のなかにはニュースもあればルポールタージュもあり、学術的な論文も随想もコマーシャルものっているからです。コマーシャルをもしニュースだと思って間違って読んだ人がいたとしたら、その人は物笑いの種にされるにちがいありません。

現代のものであれば、手にとって少し読んでみれば、私たちは比較的簡単にその文学類型をみわけることができます。しかし聖書の場合にどうしてそんなに注意しなければならないかといえば、第一に新約聖書はたくさんの伝承を集めたものであるということ、次に時代が今から二千年近くも古く、現代には類を見ないユニークな文学類型が使われているからで、なかなかそれをみわけることがむずかしいからです。

福音書をはじめ新約聖書は、歴史書でも現代人のいう意味での伝記でもなく、まして学問的、科学的真理を教えている書物でもありません。

聖書は何よりもまず、当時の人たちの信仰の告白、信仰の宣言の書なのです。

いま問題をわかりやすくするために、旧約聖書のいちばん初めに出てくる、だれでも知っているアダムとエヴァの楽園物語を考えてみましょう。

これは明らかに歴史書でもなければ、人間の起源についての学問的真理を教えている書物でもありません。現在まったく同じ文学類型を見つけることはむつかしいことですけれども、何がいちばん近いかと問われるならば、やはりこのアダムとエヴァの物語は能の台本にいちばん近いというべきでしょう。ということは、アダムとエヴァの楽園追放の物語を、私たちは能の台本を読むようなつもりで読むべきなのであって、そこにいわばこの能作者の言わんとする意図を読み取らなければならないのです。したがって、人類単一起源説とか、進化論とかいう学問的真理にはまったく無関係なのであり、人間は土から作られたものなのだから進化論は間違いだとかいうふうに、この書を学問的真理にすぐ結びつけようというういっさいの態度は、作者の意図した文学類型を間違って受けとってしまったからにほかなりません。

いまここに、人生なんて所詮会って別れるものでしかないんだ、ということをしみじみと痛感した人がいると想像してみましょう。この人はその人生観を論文に書くこともできるでしょうし、随筆に書くこともできるし、さらにまた小説や劇の形で発表することもできるでしょう。

作者が劇を書いたのに、読者がそれを歴史や科学の書だと思いこんで読んでしまえば、何だ馬鹿馬鹿しいということになってしまって、作者が真実言おうとしたたいせつなことが見失われてしまう結果になるのはわかりきったことだといわなければなりません。

現代の母親たちはあまりそのようなことを言いませんが、一昔前には、〝雷さまがなっているときにおへそをだしていると雷さまにおへそをとられてしまいますよ〟というようなことを、よく子供たちに言ったものでした。これは、雷がなっているような夕立の来そうなときにお腹をだしていると、お腹が冷えて身体に毒ですよ、という教えであって、雷は空で太鼓をたたいている鬼のようなものだということを教えているのではありません。聖書はどうも非科学的なことばかりかいてあってどうしようもないといって、イエスの教えを片方に捨て去って顧みようともしない人は、小学生になって、雷は鬼じゃあなくて電気なんだと教えられ、電気がおへそをとるもんかと言ってお腹をだしっぱなしにしていて、身体をこわしてしまう子供に似たあやまちをおかしているといえそうです。

アダムとエヴァの物語において、作者は、私たちひとりびとりの人間の生そのものには、自分たちの力だけではどうにもならないどろどろとした汚れがこびりついているのだ、そしてその自分でも気づかない汚なさのために、私たちの生を私たちの生たらしめている根底、宇宙を貫いて流れている、永遠の生命に浸りきることができず、そこから人生の底に沈澱する深い言いしれない哀しみや悲劇がうまれてくるのだ、ということを言おうとしているのだと思います。

その汚なさとは、自分を中心としてすべてのことを判断し、律してしまう身勝手であり、思いあがりであり、さらに言えば、己れを絶対化することだともいえるでしょう。

善悪の木の実を食べれば神々のようになれる、蛇のこの言葉には、毎日私たちが己れの心に問わねばならない深い警告が秘められているように思います。

小さな己れの我《が》を絶対化してしまい、その結果他者をそのままの姿で受けとめることのできないようになってしまった閉ざされた姿――この生命の汚れをキリスト教は原罪という名で呼んできたのでした。

原罪とは、親の因果が子に報い、などというようなかたちで、アダムの罪が私たちにまで伝わってきたなどというものではありません。それは、現に私たちが毎日の生活で、〝神々の如くならん〟としては木の実を食べているという足下の現実を指しているのです。アダムから伝わってきたという伝統的表現も、それが私たち自身ではどうにもならないほど、どんなに深く私たちの血のなかにしみ通っているかを示そうとしているにすぎません。

原罪とは、それが人であれ自然であれ、そのものをあるがままの姿において受けとめることのできない心の汚れともいえるでしょう。

私たちのなかで同じ人生を生きている人は一人もありません。生まれた場所も、育った環境も、両親の素質もみな違います。そして人生のいろいろな出来事に遭遇しながら、私たちはひとりびとりそれぞれの心の世界を築きあげてゆきます。顔かたちがひとりびとり違うように、心の世界も違っています。そんなことはいまさらいうまでもない当然のことです。しかし実際に生活するにあたっては、この頭でわかっている当然のことがなかなかわからないところに問題があります。私たちは、自分のまったく知らない未経験の世界に生きてきた人にぶつかると、謙虚に自分の世界というものを振り返ってみるまえに、どうしても無意識に自分の知識と過去の経験とを絶対的なものと思いこんで相手をきめつけてしまう場合が多いと思います。その点に気づいていない人ほど、そういうケースが多いといえるかもしれません。

生の哀しみにふれることのできた人ほど、人のために共感の涙を流すことができるのではないでしょうか。そして自己を神の位置に置くという思いあがりとおそろしさに気づいたとき、その人の心にははじめて自己の醜さを洗い落としていただきたいという、素直な謙虚な、そして真摯《しんし》な願いが心から湧きあがってくるのだと思います。

驚くほどの進歩をとげた近代技術を扱う人間の姿、そのなかに自分でも気づかないほどの修羅と畜生の世界のあることを、旧約聖書のアダムとエヴァの物語は教えているのです。

また新約聖書の『使徒行伝』には、イエスが人々の前で天に昇り雲がイエスをおおったという、いわゆるイエスの昇天の記事がのっています（『使徒行伝』一章九節参照）。

このような記事も、これらの表現が当時の人々の宇宙観を前提としており、古代オリエントの宇宙観を持った人々に語られているのだということを、私たちはしらなければなりません。当時の人々は宇宙は丸いものだと思い、陸は支えによって海の上に保たれていると考えていました。天には穴があり、星はその穴からもれてくる外側の光であり、雨の日にはこの穴から水がもってくるのだとも考えていました。そして神の座はその天の上にあると信じていたのです。したがって神のもとに帰るということは、当時の宇宙観を持った人々にとっては、当然この物理的な意味での天に昇っていくということになるわけです。当時の人々にわかりやすく説明するためには、またおそらく『使徒行伝』の著者自身、イエスが神のもとに帰るということはとりもなおさず天に昇っていくことだと考えたかもしれません。

しかし現代の私たちは、イエスの昇天すなわちイエスが神のもとに帰ったという事実を、あたかも軽気球が空に昇っていくように、大気中を昇っていったと考える必要はもうとうないわけですし、またイエスが大気圏を何キロメートルまで昇ったのかというようなことは、考えただけでもナンセンスであることがだれにでもわかると思います。

空に昇っていって雲がイエスの姿をおおったという視覚的・絵画的表現によって言われていることは、イエスが神のもとに帰ったという真理の告白であり、その意味でイエスの復活と昇天とを別々の出来事として考えることは意味のないことであると考えられます。

当時の人々の視覚的・絵画的表現には、その奥に深い生命の真理の告白と、救いへの願いが含まれているのであって、私たちはその視覚的・絵画的表現を歴史的・科学的事実として受けとることなく、正しくそれを非視覚化し非絵画化して、その奥の真実をとらえる必要があります。

マタイ、マルコ、ルカ、ヨハネの四つの福音書のなかでいちばん古く書かれたのはマルコの福音書で、おそらく紀元六六年のユダヤ戦役の少し以前に記されたものと思われます。このマルコの福音書においてはじめて、それ以前は口頭で伝えられてきたイエスの種々の伝承や語録が、福音書というユニークな文学類型を持った一冊の書物にまとめられたということができます。

マルコの福音書は「神の子イエス・キリストの福音のはじめ」という言葉で始まります。またイエスの宣教も、「時は満ちた、神の国は近づいた。悔《く》い改めて福音を信ぜよ」（『マルコ福音書』一章一五節）という言葉で始まっています。

日本語で福音と訳されている言葉は、もともとギリシャ語ではエウアンゲリオンといい、もとは、〝善《よ》きおとずれ〟、〝善いしらせ〟という意味で、戦争の勝利などを伝えるよろこびのしらせでした。戦争はどうなったのだろうか、みんな戦争に負けて奴隷や娼婦にされてしまうのだろうか、そのような不安のうちにしらせを待ちこがれている町の人々に、戦いは勝ったぞという救いと喜びをもたらすしらせだったのです。

弟子たちにとって永遠の生命への道を示すイエスの教えは、したがって、ほんとうの生命と救いと喜びを私たちにもたらしてくれる福音だったのです。

それは一人夜の山路で迷ってしまった旅人のように、しばしば孤独と不安と失意との重みにつぶされそうになりながら、人生の旅路をトボトボと歩んでいる私たちのまえに、〝さぁ迎えに来たよ。もう大丈夫だよ〟といいながら灯《あかり》をそっと持たせてくれる山の救助人の言葉にも似たイエスの福音の姿といえるでしょう。

「わたしはあなたがたを捨てて孤児とはしない。あなたがたのところに帰って来る。もうしばらくしたら、世はもはやわたしを見なくなるだろう。しかし、あなたがたはわたしを見る。わたしが生きるので、あなたがたも生きるからである。」

「これらのことを話したのは、わたしの喜びがあなたがたのうちにも宿るため、また、あなたがたの喜びが満ちあふれるためである。」

（『ヨハネ福音書』一四章一八―一九節、一五章一一節）

この言葉は、十字架の死を翌日にひかえ最後の食事を弟子たちと共にしたイエスが、エルサレムの城壁の東側に位置するオリーブ山と呼ばれた小高い丘の麓にあるゲッセマネという園に行く途中で、ケデロンの谷をわたりながら弟子たちにした長い説教の一部です。

〝アッバ、父よ、あなたには、できないことはありません。どうか、この杯《さかずき》をわたしから取りのけてください〟という祈りを口にしたイエスは、たしかに死を前にして迫ってくる恐怖と不安の苦悩にさいなまれ、それと戦っていたはずです（『マルコ福音書』一四章三二―三六節参照）。しかしイエスはなおその時に、私の喜びと私の平安をあなたがたに残していくといったのでした。

たしかにヨハネの福音書には、他の福音書にえがかれているゲッセマネにおけるイエスの心痛の場面はぬけています。現存してはいませんが、口伝されているイエスの言葉をまとめた、普通Qと呼ばれているイエス語録があったと考えられますが、Qを含めたさまざまな伝承をどのように配置するかという点に、それぞれの福音書の特徴があり、また各福音書記者のいわば神学があるともいえましょう。極端にいえば、『ヨハネ福音書』のイエスの言葉は、すでに神のもとに帰ったイエスが地上の人間イエスを通して語っているのだといってもよいかもしれません。そこに『ヨハネ福音書』の理解のむつかしさがあると思いますが、しかし私はただ無闇《むやみ》に他の福音書と『ヨハネ福音書』を混同し、つなぎあわせようとしているつもりはありません。またそのときのイエスの心境が凡人である私たちにおしはかれるものであるなどというつもりもありません。しかし、神の国、天国はすでに私のうちに来ているのだ、という断固たるイエスの宣言からも察せられるように、父である神の深い慈愛のまなざしに透明に輝いているイエスの心、ペテロやパウロの十字架の死とは異なる決定的な出来事を今の私たちの生の根源におよぼしたイエスの死というものを信仰の現実から考えてみたとき、『ヨハネ福音書』と他の三つの福音書は、どちらをえらぶということではなく、ある深い神秘の両面を描きだしているといえましょう。

これはイエスの言葉を信じて生きる者にとっても同じことが言えると思います。イエスの福音を受け入れて生きることによって、イエスを知り、神の愛を知った（神の愛についてではなく）からといって、この世の哀しみや苦しみがなくなるわけのものではありません。好きな人と別れなければならないのは悲しいことですし、病気になれば苦しみをさけることはできません。しかし、表面は波立っていても、いつも湖の底が深い静けさをたたえているように、イエスの約束した歓びと平和と自由とは、もっと次元のちがった心の奥にひろがっていくものなのだと思います。

たとえてみれば、次のようなことにもなるのでしょうか。

まだ幼い子供が二人、仲よく春の日ざしのさしこむ一部屋で積木をして遊んでいます。母親は忙しそうに台所で働いているようです。ときどき大丈夫かなという暖かなまなざしを子供の方に向けています。台所の仕事をしながらも、心はまだ幼い子供たちの方に向けられているからです。積木がうまくつめないで、一人の方はイライラしているようです。いま一人の方は積木がうまくつめてだいぶご機嫌のようです。おもしろくなくて、前の子が後の子のうまくつめた積木をぶちこわしてしまったのでとうとう喧嘩になり、後の子は泣きだしてしまいました。

この二人の子は、積木をしながら、お互いにイライラしたり、怒ったり、喜んだり、泣いたりしていますが、それでも母親がそこにいるかぎり安心しきって積木をしていられるのだと思います。しかしいま、もしこの二人の幼子《おさなご》が、ちょっと買物に出かけてしまった母親の留守《るす》に気がついたとしたらどうでしょう。二人はそれこそ不安にかられて、火のついたように泣きわめき、積木をするどころではなくなってしまうでしょう。母親がいなくなったときに泣き叫んでいる幼子の心とちがって、母親のまなざしを暖かく受けながら喧嘩して泣いている幼子の心には、前の場合とはちがったある種のやすらぎといったものがあるのではないでしょうか。

『西遊記』のなかに、觔斗雲《きんとうん》の術を使って、孫悟空がいくら飛んでもお釈迦さまの掌の外にでることができなかったという有名な話があります。これはひっくり返せば、どんなことをしてもお釈迦さまの掌の外にでることはないのだということにもなりましょう。これは一つの物語ですが、ちょうど私たちが飛んでも泣いても笑っても、この大きな大地の外に出ることがないように、私たちは大地のように大きな暖かな神の掌の中で生き育っているのだというやすらぎと勇気と希望、それこそイエスが死を賭けて伝えようとしたものだと思います。

新約聖書は、そのイエスの思いと教えとをがっしりと自分のからだで受けとめた弟子たちの、願いと告白の書です。私たちは、古代人の世界観や絵画的表現の奥に息づいている弟子たちの信仰の告白を、さらにそれをとおしてイエス自身の生と思いとを、この書のなかに読みとるべきでしょう。

第三章　イエスの生涯

イスラエルの首都エルサレムからバスで約三時間、下部ガリラヤ丘陵の盆地にナザレという町があります。オリーブ畠と濃い糸杉の緑に囲まれ、北東にははるかに雪をいただくヘルモン山を仰ぐ小ぎれいなこの町が、イエスの育った町でした。今でこそ人口二万以上を数えるガリラヤ地方での主要な町ですが、イエスの育った当時は、まったく小さな辺境の一寒村にすぎなかったと思われます。

最近地中海沿岸のカイザリヤの町の廃墟から発掘された石片に〝ナザレ〟という名が見出された以外は、この名は有名なユダヤ人の歴史家ヨゼフス・フラヴィウス[1]（三七—一〇〇年頃）の『ユダヤ戦記』にも、また旧約聖書にすら、ただの一度も記されていません。

> 聖所の正面の外側はただただ見る者の肝や目を驚かせるばかりだった。すべての側面が厚い板金でおおわれていたため、太陽が昇ると燃え盛る炎のような輝きを反射させた。そのためそれをむりに見ようとする者は、太陽の光線から眼をそらさざるを得ず、直視はできなかった。神殿にやって来る外国人がそれを遠くから見ると、頂きに雪をかぶった山のように見えた。金の板金でおおわれていない個所が純白だったからである。（V・v・二二二—二二三。『ユダヤ戦記Ⅲ』秦剛平訳、山本書店、一九八二年）

1　一世紀のユダヤ人歴史家。ヘレニズムに関する叙述を残した。著書に『ユダヤ戦記』『ユダヤ古代誌』など。

これはエルサレムの神殿について、フラヴィウスが『ユダヤ戦記』のなかでえがいている描写です。数十メートルの高さの城壁に囲まれ、金色に輝く神殿を中心とする首都エルサレムにたいして、マッチ箱のような形をした、部屋も土間一つしかない土塀の貧しい家の立ち並ぶ辺境のナザレの村――それがイエスの育った村だったのです。

とおくイエスの誕生をさかのぼること千八百年くらいのむかし、アブラハムという人が、チグリス・ユーフラテスの両河にはさまれたメソポタミア地方のハランという町から、今のパレスチナに一族郎党を引きつれて移住して来ました。このアブラハムという人がユダヤ人の先祖にあたるわけですが、このアブラハムの子孫たちがようやくパレスチナに定着したころ、ひどい飢饉があり、彼らはエジプトに逃げ込まなければならなかったという記事が、旧約聖書の『創世記』という書物にのっています。そして同じ旧約聖書の出エジプト記によれば、紀元前一二〇〇年頃と推定されるのですが、ユダヤ人のなかからでたモーセという英雄が、当時エジプトで奴隷となっていたユダヤ人たちを引き率《つ》れてエジプトを脱出し、長い砂漠での艱難辛苦の歳月ののち、パレスチナの土地に帰国したのでした。もっともモーセ自身は結局パレスチナの土地を踏むことができず、その一歩手前で、ヨルダン河の東岸のモアブの草原に位置するネボ山からパレスチナの地方を見ながら死んだということになっていますが（『申命記』三四章参照）、大群衆を引き率れて砂漠を横切って故国パレスチナに帰るということは、英雄モーセにとってもこの上ない難事業であったにちがいありません。

その時まで多神教であったイスラエル民族は、モーセの時代から一神教になりました。そして〝唯一の神なるヤーヴェ〟の信仰は時代とともに深くイスラエル民族のうちに根をおろしてゆきます。

死海のほとりに立って、一木一草もない荒涼たるユダの荒野、茶褐色の土に巨大な白い石灰岩の岩や石がばらまかれているようなユダの荒野から、ちょうど虫にくわれた流木のようにところどころに洞窟をポッカリとひろげた褐色のクムランの岩山が、夕日をあびて無気味にそそり立っている姿を一度でも眺めてみたら、ユダヤ教、特に後期ユダヤ教のあの近づきがたい神と厳しい戒律が、いくぶんかは私たち日本人にも理解できる気がします。

湿潤高温の「照葉樹林文化」に育った私たちには到底想像することもできないような、それは厳しい光と影の世界です。

イエスとその弟子たちがはじめて入門したと思われる洗礼者ヨハネは、このユダの荒野に住み、ラクダの毛衣を着、革の帯をしめ、いなごと野蜜を食べながら、ときどきヨルダン川の浅瀬に来ては人々に大声で説教していた旧約時代最後の預言者でした（『マルコ福音書』一章四―六節参照）。

このユダの荒地にくらべて、イエスが活動の中心としたガリラヤ湖の付近は、またなんという優しいのどかな美しさをもっているのでしょうか。

赤、黄、白、紫などのさまざまな花が、あくまでも澄んだ青空のもとに緑の草の上に咲き乱れ、静かな鏡のような四月のガリラヤ湖には数羽の鳥が白い腹をみせながら水面を飛び交っています。ちょうど箱根の芦ノ湖に奈良の若草山をいくつもならべたようなガリラヤ湖畔の柔らかな美しさは、なだらかな曲線美を誇る日本の風景のなかにも、ちょっとくらべるものをさがすのはむつかしいのではないでしょうか。

「こころの貧しい人たちは、さいわいである、天国は彼らのものである」という有名な言葉で始まる『マタイ福音書』五章の〝山上の説教〟も、まさにこのガリラヤ湖畔の緑の草の丘の上で語られてしかるべき言葉であって、決してあの荒涼たるユダの荒野やエルサレム近郊の石灰岩質の荒れたオリーブ畠の丘陵からは生まれてくる言葉ではありません。

二度、三度、福音書を片手に死海のほとりとガリラヤ湖の岸辺に立った私は、ますますその感を深くせざるをえませんでした。

また持っていった文庫本の古今集を繙《ひもと》いてみても、光と影の死海沿岸の風土が、この歌集の体質を強烈に拒絶するのにたいし、ガリラヤ湖畔の草の上にねそべって白雲を仰ぎながら繙くときは、なんとなくしっくりと受け入れられる柔らかさがありました。

ヘロデ王の不倫——これは福音書によれば、自分の妻を追い出して弟フィリッポの妻を自分のものとしたということですが——を糾弾した洗礼者ヨハネが、その結果獄につながれる身となってしまった後で（『マタイ福音書』一四章三節参照）、イエスが直ちに故郷ガリラヤにもどったのは（『マタイ福音書』四章一二節参照）、たとえユダの地方がイスラエル民族の中心地であり、多くの預言者たちの魂の故郷であったとしても、やはりユダもエルサレムも、ガリラヤで育ったイエスの生活感情には合わなかったからだと判断しうるのではないでしょうか。

もともとガリラヤ地方は、南方のユダヤ人にとってはすでに王国時代から異邦人の臭いのする地方だったのであり、旧約聖書中の『イザヤ書』の九章一節にも、この地方は「異邦人のガリラヤ」と呼ばれています。異邦人とは、ユダヤ人が自分以外の国の人々をさすときの呼び名です。『イザヤ書』の一章から三九章までは普通第一イザヤと呼ばれ、紀元前八世紀の後半にエルサレムで活躍した預言者イザヤの作であるといわれています。

ガリラヤがエルサレムと歴史的運命を異にするのは、すでにソロモン王没後（オールブライトによれば前九二二年）にイスラエルが南北両王国に分裂したときに始まります。しかし決定的な事件はアッシリア王国の侵入でした。

アッシリアは長い間北部メソポタミアに住んでいて、バビロンの文化と宗教を受けついでいました。彼らはきわめて残酷かつ凶暴な国民で、捕虜にした人間の頭蓋骨でピラミッドをたてたり、人間の皮で宮殿の壁を張りめぐらしたりしたほどでした。このアッシリアが次第に強力となり、チグラト・ピレゼルという王のときに、前七三二年、シリアのダマスコを攻め落としイスラエル人のガリラヤとトランス・ヨルダンの地方を攻め取りました。そしてかなりの人たちは捕虜としてアッシリアに連れ去られたのでした。さらにアッシリアはサルゴン二世という王のときにはサマリアを攻め落とし（前七二二／七二一年）、北王国イスラエルの多くの人民をアッシリア帝国の諸地方に連れ去り、北王国の地方には別の人を連れてきて住まわせたので、サマリア地方の人々は事実上ユダヤ人とはいわれないほどに混血させられてしまったのでした。福音書をよむと、ユダヤ人とサマリア人とが犬猿の間がらのように仲が悪かったことがうかがえますが、それはサマリアの人たちがこの移住人たちの混血の子孫だったからです。

南王国ユダも前六世紀の初め、五八六年にバビロニア王国に征服され、支配階級の多くはバビロンに連行されたのでしたが、アッシリアからうけたほどの残酷な、徹底的な仕打ちは被らず、比較的自由な扱いをうけることができました。バビロニア王国にとってかわったペルシャ帝国の王クロスは、前五三八年バビロンに捕囚の身となっていたユダヤ人に故国帰還を許し、その結果、南部はそのユダヤ人の血とエルサレムの民族的宗教的伝統を保つことができたのでした。

ガリラヤ地方は、アッシリアの侵入以来、実に数百年もの長い間、完全に異邦人の統治下にあったのでした。おそらくマカベ王朝[2]のアリストブロス一世が領土を拡張したときに（前一〇四―前一〇三年くらい）はじめてガリラヤもイスラエルのマカベ王朝に組み入れられ、住民がユダヤ化されたのだろうと思われます。もちろんいくらアッシリア帝国が凶暴であったからといって、全員を連れ出すなどということは不可能なことであったにちがいなく、したがってユダヤ人たちはかなりガリラヤ地方には残っていたと思われます。しか

2　ハスモン王朝とも呼ばれる。前一四〇―前三七年まで、諸外国の支配から独立して統治をおこなったユダヤ人による王朝。

しなにしろ中央から切り離された辺境の地であり、アレキサンダー大王の混血による各地のヘレニズム化の影響ものがれることはできなかったでしょうし、さらにはガリラヤと南部イスラエルの風土との驚異的なちがいを考え合わせれば、その数百年の間にガリラヤがエルサレムの正統ユダヤ教とは相当かけ離れた精神的風土に生きていたということは、田川建三氏もその著『原始キリスト教史の一断面』のなかで指摘されているように、充分に考えられることだと思います。

そのガリラヤの風土と歴史とを呼吸して育ったイエスが、人間的に考えてみても、その後期ユダヤ教の持つ〝近づきがたく威厳ある聖なる神〟と、〝厳しい戒律と律法〟をそのままに己れのものとしなかったことは、むしろ当然のことといえるのではないでしょうか。

そしてイエスと対立し、結局イエスを十字架に追いつめたものが、エルサレムを中心とする正統ユダヤ教の人たちであったことを考えてみれば、このことはイエスの生活を理解する上できわめて注目すべきたいせつなことがらだと思います。

ただひたすら慈愛なる神を父として人々に示し、みずからも愛に生き愛に死んだイエスの生涯は、やはりそれだけの歴史的・風土的準備を持っていたといえるのでしょう。

十数年前の四月も終りに近づいたある夜、イスラエルを旅行中だった私は、二、三の友人と一緒にガリラヤ湖畔のチベリアズの町から十数キロメートル離れたコラジンという昔の町の廃墟を訪れたことがありました。昼間でもそこは観光客が訪れるということもほとんどないといってよく、タクシーの運転手でさえ道を間違ってしまうほどの、閑散とした田舎の廃墟でした。コラジンの廃墟には、たぶん二世紀の頃のものと思われるユダヤ教の会堂《シナゴーグ》の遺跡がありますが、それもイエスが活動の中心としたカファルナウムの町の廃墟に見られるような立派な大理石と彫刻の会堂とはちがって、円柱も礎石もみなその辺でとれたと思われる素朴な黒い玄武岩でできたものでした。

手も加えられずに残されているその田舎の町の廃墟に、夜静かに立ってみて、二千年の興亡の歴史がその廃墟の遺跡を通して語りかけてくるものをじっと噛みしめてみたい、というのが私たちの願いでした。

福音書にはたった一個所しかコラジンという名前はでてきませんが（『マタイ福音書』一一章二一節と『ルカ福音書』の並行個所一〇章一三節）、イエスがコラジンの町の人々の頑固さと不信仰とを責めておられるところから察して、イエスもときどきはこの町を訪れ、会堂で人々に説教されたにちがいありませんでした。

今にも降ってきそうに思われる鮮やかな南国の満天の星空のもとで、見渡すかぎり灯《あかり》一つ見えない原野の廃墟に立って、私はあの夜ほど、私の人生のうちで、時の流れの厳しさに感動したことはなかったように思います。その辺にころがっていた石を一つポケットに入れて、黙って私は帰りの車にのりこみました。

私の部屋には、いろいろなところからひろってきた石がゴロゴロと無秩序に置かれています。島原の乱で有名な原城の城跡にころがっていた石、駆りだされた多くの無宿者が故郷の空を怨みの目で見つめながら死んでいったといわれる佐渡の金山の道ばたの石、飛鳥の大官大寺あとにあった土器のかけら、あるいはギリシャのコリントの町の廃墟にあった小石、イスラエルの死海沿岸のクムラン修道院遺跡の水路に使われたと思われる石のかけら、そういったものが雑然と机や本箱の上にころがっています。

生まれては死んでいった数限りない人たちのさまざまな人生の歓《よろこ》びや哀しみをこの石たちは見てきたのだ、なんとなくボンヤリとそんなことを考えながら石を眺めていることが、私は無性に好きなのです。コラジンの廃墟でポケットに入れた小石も、私がこれらの石の仲間入りをさせるためのものでした。

ホテルに帰ってからも、興奮したためかよく寝つかれなかった私は、いろいろと思いめぐらしているうちに、ふっと二つの重大な事実に気づいたのでした。

第一に、コラジンの廃墟にはかなりの草がはえていたということでした。もちろん高温多湿の日本の廃墟のように、蔦や苔やその他の雑草で埋れているというようなものではありませんでしたし、ガリラヤ湖畔のように美しい花が咲き乱れていたわけでもありませんでした。しかし、数日前に見てきた、白骨のような石灰岩が無気味に散らばった褐色の死海付近の荒野とは違い、たしかに門柱や礎石やくずれおちた石壁の間には、緑の草が点々と見うけられたのでした。

第二に私を驚かせたのは、満天の星空のもとでいっせいに虫が鳴いていたということでした。古典的名著といわれる『風土』の著者和辻哲郎を驚かせたものの一つは、〝ベルリン郊外では秋に虫が鳴かない〟というヨーロッパの風土であったことを私は思い出していたからでした。たしかにコラジンの廃墟に虫が鳴いていたのは、冬の雨期が終ったばかりの四月の終りだったからでしょう。しかし、あのガリラヤ湖畔の色とりどりの草花といい、このコラジンの虫の声といい、たしかにあのエルサレムを中心とするユダの荒野やその付近からはまったく想像もできないような風土であることには間違いありませんでした。

和辻哲郎は、世界の風土を大きく三つの類型に分類しています。すなわち東アジア沿岸一帯のモンスーン的風土、アラビア、アフリカなどの砂漠的風土、そしてヨーロッパの牧場的風土に分類し、それぞれの風土がいかに深くそこに住む人たちのものの考え方や文化のパターンに影響をあたえているかを、自分の生活体験などを通して鋭く分析しています。

モンスーン地方、砂漠地方を通って、地中海に入り、イタリア南端の陸地をみたとき、まず自分たちをとらえたものはヨーロッパの〝緑〟であったと語ってから、和辻は、山々の中腹の灰白色の岩の点々と突き出ているあたりに、平地と同じように羊のたべることのできる緑の草がはえていたことを印象ぶかげに語っています。南イタリアのこの風土は、ギリシャについても同じようにいえることでしょう。

和辻は、この南ヨーロッパの最初の印象を語ったあとで、〝ヨーロッパには雑草がない〟という驚くべき事実が、自分にはほとんど啓示に近いものであったと述べ、そこからヨーロッパの特性をつかみ始めたのだといっています。後に和辻は、上の三つの類型に新しく二つの類型、すなわち蒙古からシベリアにかけてのステップ的風土と、新大陸のアメリカ的風土を加えて、五つの風土類型としています。もちろん後にこの和辻の見方にたいして、実証的な調査にもとづいて、文化地理学者や文化人類学者の側からかなりの異論も提出されています。特にアルプス以北の中部ヨーロッパを、アルプス以南の地中海沿岸と同一のヨーロッパのカテゴリーに入れてしまっているという点などにおいては、たしかに和辻風土学にも大きな不備が見出されることは確かでしょう。しかしそれにもかかわらず、風土と人間および文化というものが、どんなに深く密接な関係にあるかを見抜いた和辻の天才的な直観力に、私は深い尊敬を払わずにはいられません。

会田雄次氏がその著『合理主義』のなかで引いている次のインドの伝説も、風土がいかに人間の考え方に影響をあたえるものかを如実に物語っているといえるでしょう。

——ある母親が三人の子供にくるみをわけてやりました。みんなわけてやったら自分の分がなくなったことに気づいた母親は、三人の子供に少しずつ返してくれるようにたのみました。一番目の息子はおもしろくない顔をして、いちばん小さな腐ったくるみを母親に投げ返しました。二番目の息子はいちばん小さいのを、三番目の娘はいちばん良いくるみをえらんで母親に返しました。母親はそこで一番目の息子に言いました。お前のようないやらしい子は、やがてみんなから憎まれきらわれるようになるだろう、と。二番目の息子には、お前は心のいやしい子だから絶えず苦しみ不安を抱くものになるだろう、と言い、三番目の娘には、お前はほんとうにやさしい心のきれいな子だから、みんなから愛されるようになるだろう、と言いました。

三番目の子は天にのぼってお月さまになりました。二番目の子は風になりました。そして一番目の子は、驚くなかれ、太陽になったというのです。

久方の　光のどけき　春の日に

しづ心なく　花の散るらむ

という有名な紀友則の歌を引用するまでもなく、私たち日本人にとって、太陽はいつも暖かな日ざしを注いでくれる恵みの源であり、この上なく慕わしいものであって、みんなから憎まれきらわれる子供が太陽になったなどという伝説は、日本の風土では生まれようにも生まれないものであることは言うまでもないでしょう。

太陽が恵みの源などではなく、むしろ酷暑、災害、旱魃《かんばつ》の源と考えられ憎まれていたインドのインダス河上流の風土を考えに入れて初めて、私たちはこの伝説のよって来たるところを理解することができます。そしてそれと同時に、風土がいかに自然に対する人の感受性や、ひいてはその文化の在り方を規定するものであるかに気づかざるをえません。

倍働けば倍の、三倍働けば三倍の麦の収穫をほぼ確実に手中にできる中部ヨーロッパの自然は、日本の自然ほどは柔らかみと変化と美しさに欠けるとしても、しかし人間の力にある意味で従順な自然ともいえます。これに対し、〝二百十日もことなくすんで、村の祭の太鼓がひびく〟とうたわれた小学校唱歌のように、暴風雨のいかんによってはそれまでのどんな苦労も水の泡となってしまうような、やさしくはあっても同時に気まぐれな、ときに狂暴といえるほどの天災地変の多い日本の自然のなかからは、ヨーロッパに独特な対立と征服の精神はうまれてくるはずもなかったのでしょう。

現在でさえ、数十階といわれる高層建築と高速道路を誇りながら、私たち日本人は地震の少ないヨーロッパの人たちとくらべて、はるかに自然というもののおそろしさ、関東大地震のもし何倍もの大地震が来たらというような自然への恐怖というものを、心の奥に感じて生きているのではないでしょうか。

またそれと同時に、四季の移りかわりが柔らかな自然の輪郭の中に展開されてゆく日本の風土のなかで、飛花落葉に〝もののあわれ〟や〝はかなさ〟を感じとってきた古代中世の日本人の感覚は、一木一草もない光と影の砂漠の自然からは芽ばえるはずもなかったのです。

ここまで考えてくると、イエスの育ったナザレやガリラヤの風土が、洗礼者ヨハネをも含めた旧約の主な預言者たちを育てたエルサレムを中心とするユダの風土とはまったくちがったものだということが、イエスの生活形成の上にどんな大きな役割をはたしたかに思い至らざるをえません。

洗礼者ヨハネや後期ユダヤ教の預言者たちを風土化したユダの地方、特にその荒野は、草木の育つことを許さない厳しいものでした。エリコの東南に位置する死海は、その濃い塩分のため一匹の魚も住むことをゆるさぬ、獣の白骨にも似た石灰岩に塩の柱が林立する死の海でした。

一方ガリラヤ湖付近は、すでに述べたように、冬の雨期がすぎれば春には一面に草花が草原に咲き乱れ、東北には遠く雪をいただくヘルモン山が望まれ、魚の豊富なガリラヤ湖の水面には、鳥が白い腹を見せて飛び交う土地でした。日本ほどではないにしても、ともかくユダの地方には見られなかった柔らかな四季の移りかわりがここにはあり、初夏になれば麦の穂が美しく風に乱舞し、夏も終りに近くなれば草原は黄色を帯びてゆくのでした。

パレスチナを訪れた多くの日本人は、ユダの地方からこのガリラヤ湖畔に来て、やっと故国の匂いをかいだような安堵感をおぼえているはずです。ガリラヤの風土は、ユダの砂漠的風土よりも、むしろ地中海沿岸に近い風土であり、春などはむしろ日本の太平洋岸の気候に多少ではあっても似たものを持っているとさえいえるのではないでしょうか。

距離的にはわずかに二百キロメートルくらいしか離れていなくとも、風土的にこれだけの違いがあります。そのうえ、前にもふれたように、ガリラヤの地方は紀元前八世紀にすでに「異邦人の地ガリラヤ」と呼ばれていたのであり、それから数百年間というもの、マカベ王朝に統合されるまで、アッシリア、バビロニア、ペルシャ、エジプト、そしてシリアの支配下におかれていたのでした。

もちろんサルゴン二世により根こそぎにされたサマリア地方にくらべれば、ガリラヤ地方はそれよりまえ、チグラト・ピレゼルという王によって占領され、アッシリアの属州とされていたので、サマリアのように根こそぎ外国化されたことはなかったように思われます。しかし先にも述べたように、砂漠的風土とはまったくといってよいほど異なった風土のなかに、しかも外国の支配を数百年も受け続けていた間に、ガリラヤのユダヤ教が、エルサレムを中心とする正統的後期ユダヤ教とはかなりちがった方向を蔵しはじめていたということは想像に難くないと思います。

たとえば、旧約聖書の『レビ記』の一二章と一五章には、産後の婦人や、男子および女子の性の病的漏出のための「清めの式」についての規定がのっています。これは山鳩二羽または家鳩二羽を、祭司にたのんで犠牲として神殿で捧げてもらうという儀式ですが、ガリラヤの当時の経済状態、ガリラヤからエルサレムの神殿までの距離の長さを考えてみたとき、とうていガリラヤの多くの庶民がこの儀式を守っていたとは考えられません。したがってそのような規定は、ガリラヤの民衆にとっては実行不能に近い掟であったにちがいなく、そういう意味でも、神殿中心のユダヤ教の正統派に対して、ガリラヤのユダヤ教がかなりちがったものになっていたであろうということは、この一例をみただけでも、推測しうると思います。

またイエスがもっとも可愛がっていて、いつも自分と一緒に連れて歩いていた数人の弟子たちのうちに、シモン、アンデレ、ピリポという名前を持った弟子たちがでてきます。シモンはペテロとも呼ばれ、イエス亡《な》きあと、弟子たちのかしらとなる重要人物ですが、これらの弟子たちの名前が明白に、ギリシャ系の名前であるということに、私は大きな関心を払わずにはいられません。これは古代日本人にとっても同じであったようですが、現在の私たちとはちがって、当時のイスラエルの人たちにとっては名前というものはその人自体をあらわすとされ、きわめて重要なことであったはずです。その人たちが、お互いに相手をギリシャ名で呼びあって、さしたる抵抗も感じていなかったとすれば、ガリラヤ地方がすでにイエスの時代にどれだけヘレニズム化されていたかということの重大なあかしとなるのではないでしょうか。

『マタイ福音書』の八章には、イエスがガリラヤ湖の東岸のガダラ人の地に行ったという記事がのっています。ガダラというのは、デカポリス（十都市連盟《ポリス》）地方の町の一つであり、これらの十の町はいずれも頑固なまでにギリシャ的であり、ギリシャの神殿を持つ美しい都市でした。ガダラの町は、ギリシャ風刺詩の名人であるメレアグロスをはじめ数々の有名人をうんだと言われており、きわめてヘレニズムの色彩と雰囲気の濃い町であったと想像されますが、この地方でイエスは人々と直接に話をしています。

ルカの書いた『使徒行伝』の六章には、イエス亡きあとのエルサレム原始キリスト教団のなかで、「ヘレニスタイ」と呼ばれるギリシャ語を話すユダヤ人と、「ヘブライオイ」と呼ばれるヘブル語を話すユダヤ人との間に争いがおこったという記事がみえます。荒井献氏が、その著『原始キリスト教とグノーシス主義』の中で論じているように、原始キリスト教団には、イエスの死後、ガリラヤとエルサレムという二つの伝承の担い手があり、この「ヘレニスタイ」とは、ガリラヤに起源をもち、単に、ギリシャ語を話すというだけではなく、ユダヤ主義から自由な、異邦人に対して開放的な運動の担い手であったと推察されます。そしてこのガリラヤとエルサレムという二つの伝承の担い手の相違は、最後的にはやはり彼らを育てた風土と文化のちがいによるものと考えられるのではないでしょうか。

以上の点を総合し考察してみれば、イエス自身かなりの程度ギリシャ語をしゃべれたと考えても決しておかしくはないわけですし、イエスがエルサレムを中心とする正統ユダヤ教の民族主義の枠を完全に超克しえた要因の一つを、ガリラヤの風土と文化とユダヤ教の形態とに求めることができると思います。

旧約と新約、ユダヤ教とキリスト教の関係を、単なる直線的・量的な発展・展開としてとらえてはなりません。そこにはどうしても非連続の要素を含む質的発展があります。そこにこそ、一つの民族宗教でしかなかったユダヤ教にたいして、キリスト教が普遍宗教であるゆえんがあるといわなければなりません。

最近はユダヤ教とキリスト教の連続性の面を強調する旧約学者が多いようですが、キリスト教の特色はその非連続性にあるのであり、そこを明らかにすることが特に日本のキリスト教にとってはたいせつなことと思われます。

数年前友人とイスラエルを旅したとき、私はN君という、ヘブライ大学で旧約考古学を専攻している日本人の学生と会いました。彼は高校卒業後すぐにイスラエルに来、キブツ（集団農場）でヘブライ語を勉強したのち、もう数年間もヘブライ大学で勉強を続けているということでした。春というのにもうかなり強い日ざしのさしこむエルサレムの町の下宿の一室で、うずたかくもられたヘブライ語の本にうまりながら、彼はユダヤ民族についていろいろと熱心に私に語ってくれました。そのとき彼が話してくれたことのうちで、それ以後どうしても私の頭にこびりついて離れないひとことがあります。目を輝かせながら彼は私に言ったのでした。〝旧約聖書というのは研究していくと実におもしろい本ですよ、古事記ですよ、ここのイスラエルの人たちにとっては、ちょうど旧約聖書はわれわれの古事記と同じなんですよ〟。

N君がどのような根拠に立ってそういうことを言ったのか、旧約聖書についての知識は豊富にちがいないでしょうが、彼が古事記についてどの程度のことを知っているのか私はわかりません。しかしその後、古事記や古事記に関する津田左右吉、上田正昭などという人たちの著作をよみあさり、また一方旧約聖書に関するフォン・ラートやノート[3]といった学者の説を知るにおよんで、私は古事記と旧約聖書が、単に両方とも民族宗教の聖典であるというだけではなくて、決定的な差異はありながら、しかしその成立の動機や目的などという点で案外に似通ったところを持っているのではないかなどと空想するようにさえなったのです。

モーセの五書[4]は、ヴェルハウゼンという学者の研究以来、主に四つの資料、すなわちヤーヴィスト、エロヒスト、『申命記』法典、祭司法典と呼ばれる資料が種々に組み合わされて出来たものと考えられているのですが、そのうちいちばん年代的に古いものはヤーヴィストと呼ばれているもので、この書のなかで神がヤーヴェと呼ばれているのでこの名がつけられています。およそ紀元前八五〇年くらいに南王国ユダに住んでいたらしいということくらいしか、著者については何もわかりませんが、フォン・ラートによれば、このヤーヴィストと呼ばれる偉大な思想家が、それまでの多種多様な伝承を自己の思想によってまとめあげたわけで、旧約聖書の思想を成立させるうえできわめて重要な人物といわれています。もし彼の編集意図も、「ダビデの王位継承史」(『サムエル記第二』・『列王記第一』の一部)の編集者の意図も、共に、神がイスラエル民族にあたえた約束が、ダビデ・ソロモン王朝によって成就《じょうじゅ》されたのだということを主張することによって、ダビデ・ソロモン王朝の正統性の擁護にあったとするならば、そしてもし天武・持統帝による古事記の編纂が、天照大神《あまてらすおおみかみ》を祖とすることによる大和朝廷の正統性の擁護と確立にあったとするならば、両書の類似性の仮説は、それほど荒唐無稽なことではないのではないでしょうか。

以上のことは、今の私にはそれを確かめる能力もないのですが、しかしいずれにしても確かなことは、ユダヤ教とキリスト教の非連続性の重大さであり、それを見落とすことは、キリスト教をも一つの民族宗教に

3　一九〇一—七一年。ドイツ人の旧約学者。『旧約聖書神学』『旧約聖書の様式史的研究』などを著す。

4　旧約聖書の最初に置かれる五つの書。『創世記』『出エジプト記』『レビ記』『民数記』『申命記』からなる。

堕さしめる危険のあることを忘れてはならないでしょう。

文化現象としてはつねにある特定の文化と結びつきながら、しかも本質的にはそれを超えているというところに、まさにキリスト教の特質があります。しかしこのことは同時に、文化と結びついていないキリスト教というものはかつて存在しなかったし、またこれからも存在しないということを意味しています。かつて存在したキリスト教は、ユダヤ的キリスト教であり、ローマ的キリスト教であり、ヨーロッパ的キリスト教でした。あるいはまた封建的キリスト教でありブルジョア的キリスト教であったかもしれません。

おそらく紀元四九年頃にエルサレムでひらかれた使徒会議（『使徒行伝』一五章参照）の内容で察せられるように、十二使徒を中心とするエルサレム教団の人々はユダヤ教の戒律をある程度守っていたようでしたし、神殿にも他のユダヤ教の人々と一緒にのぼって祈りを捧げ、シナゴーグすなわちユダヤ教の会堂で説教をしたりしていたと思われます。それがキリスト教がシリアのアンチオキアに伝わり、異邦人の教会がうまれ、教会の姿には大きな変化がもたらされるようになりました。この間の事情は、ルシアン・セルフォー著の『使徒時代の教会』によく述べられています。

多数の異邦人が教会に加わるにおよんで、やかましい食事の規定や割礼などのユダヤ教の慣習を異邦人からの改宗者に強制することは意味がないというパウロの主張が、おそらく紀元四九年頃におこなわれたエルサレムの会議で認められることとなり、紀元七〇年のユダヤ戦役によるローマ軍のエルサレム占領後は、ローマ帝国内にキリスト教がひろまるにつれて、ごくおおざっぱにいえば、キリスト教は次第にユダヤ的キリスト教からギリシャ・ローマ的キリスト教へと発展していったと考えられます。

仏教は他の文化に対してきわめて寛容であるが、それとは対照的にキリスト教はきわめて厳しく、キリスト教の入っていくところではそこの文化が根こそぎにされてしまう、というようなことがよく言われます。しかしこれは、石田英一郎も、その著『東西抄』のなかで指摘しているように、ヨーロッパ・キリスト教の特徴としてはあげえても、決してキリスト教自体のもつ性格ではないように思われます。四、五世紀までのキリスト教思想家たちの姿勢がそのことをはっきりと示していてくれるように思います。

キリスト教を文筆をもって弁護した護教家と呼ばれている人たちのうちで、二世紀においてもっともすぐれた思想家はおそらくユスチヌス[5]（一〇〇―一六五年）でしょう。

彼はキリスト教の優越性をはっきりと認めながら、しかも自分の育ったギリシャ文化のうちに含まれている真理をたいせつにし、そのギリシャ文化のもつキリスト教的な価値を深く見極めようとした思想家でした。パレスチナで生まれ、ストア派、アリストテレス派、ピタゴラス派を遍歴した後にプラトン主義者となり、遂にキリスト教に改宗したユスチヌスは、その著『第一護教論』の中で次のようにいっています。

〝キリストは神から生まれた最初のかたであり、全人類が参与している神の《御言葉》である。……《御言葉》に従って生きた人たちは、たとえ無神論者として生涯を送ったとしても、ギリシャのソクラテスやヘラクリトスやそのほかこれに類する人々のように実はキリスト教徒なのである〟。

また『第二護教論』のなかでは、

〝ギリシャの思想家たちは、彼らが自分の中にいただいた《御言葉》の種子によって、真理をおぼろげながら認めることができた。しかしそれぞれこの能力に応じた種子を所有していることと、キリスト自身を所有していることとは全く別のことなのである〟

ともいっています。すなわちユスチヌスは、ギリシャ文化の教養といったものを真向から否定せずに、う

5　ユスティノスとも呼ばれる。キリスト教弁明の教父。『第一弁明』『第二弁明』『トリュフォンとの対話』などを著す。

まくキリスト教のなかにそれを取り入れた思想家といえましょう。

二世紀の護教家たちについでおこったのはエジプトのアレクサンドリアの思想家たちで、教理学院の院長であったクレメンス（一五〇?—二一五年?）や、次のオリゲネス（一八五—二五四年）などは、ギリシャ哲学こそ異教徒をキリストに導くよい補導者であると考えていたようです。

カパドキア学派[6]として知られているバジリウス（三二九?—三七九年）、ナジアンズのグレゴリオ（?—三九〇年?）、ニッサのグレゴリオ（三三一—三九四年）の三人は、いずれも深くギリシャ文化の教養を身につけた人たちでした。バジリウスはギリシャ文化のうちに人々を神へと導く道を認めており、青年たちにギリシャ文学の研究の必要を説いていたといわれます。

これらのことは、これらギリシャ語系の教父たち——初期のキリスト教の思想家で、後世に影響を及ぼした人たちを特に教父とよぶのですが——だけでなく、ラテン系の教父たちについてもいえると思います。

アンブロジウス（三四〇?—三九七年）は、キケロの『義務論』に刺激されて『聖職者の義務論』という本を書きましたし、聖書をラテン語に翻訳したヒエロニムスは、この上なくキケロやその他のラテン文学の作品を愛好し、その著作は古典文学からの引用でちりばめられているといわれます。

西欧キリスト教に決定的な基盤を置いたといわれる有名なアウグスチヌス（三五四—四三〇年）も、その『告白録』を読めば、彼が深いラテン文化の教養を身につけており、特に新プラトン派の影響を受けていることが知られるでしょう。

もちろん古代キリスト教思想家たちのうちには、ユスチヌスの弟子のタテアヌスや、テルトリアヌスのよ

6　カッパドキア（現トルコの東北部）の三教父（大バシレイオス、ナジアンゾスのグレゴリオス、ニュッサのグレゴリオス）に共通する、神学・哲学の学風。

うに、どちらかといえば、真向から異教文化であるギリシャ文化の否定を唱えた人たちもいるにはいたのですが、これらの人たちが後に正統の教会からは異端という宣告を受け、教会から離れていった人たちであることから考えても、正統思想家たちの主流は、やはり自分の育ってきた文化にたいする充分な評価と尊敬の態度を持った人たちであったということができるでしょう。

彼らがユダヤ人となることなしに、自分たちの育ったギリシャ・ローマの文化をたいせつにし、その文化圏内の一人として信仰を生きぬいたからこそ、キリスト教はギリシャ・ローマ文化に根をおろし、ヨーロッパ文化をその結果美しいキリスト教文化として開花させることができたのでした。

明治以来百年のキリスト教の日本における宣教の仕方は、これに対して、どちらかといえば日本人をその根底の日本文化の流れから切り離し、ヨーロッパ・インテリ化し、そこに西欧キリスト教的文化地帯を作ろうとする傾向が強すぎたとはいえないでしょうか。

日本のキリスト教徒は、先程のべた教父たちの姿勢に大きな教訓を学びとるべきだと思います。

たしかに明治の文明開化以来、西欧化の波は怒濤のように日本を襲ったのであり、西欧化の流れはキリスト教だけにとどまるものではありませんでした。

〝私のここに他人本位というのは、自分の酒を人に飲んでもらって、後からその品評を聴いて、それを理が非でもそうだとしてしまういわゆる人真似をさすのです……近ごろはやるベルグソンでもオイケンでもみんな向うの人がとやかくいうので日本人もその尻馬に乗って騒ぐのです〟（「私の個人主義」『私の個人主義ほか』二〇〇一年、中央公論新社、240頁）。

一九一四年（大正三年）に夏目漱石が学習院でおこなったこの講演の一節にも、私たちは当時の流れの一端をうかがうことができます。

しかし、意識するにしろしないにしろ、日本人は決してヨーロッパ人になることはなかったし、なろうともしていませんでした。一見何でもかでも、キリスト教を別にすればヨーロッパのものは全部これを取り入れたようでありながら、しかし日本人はこれらをみんな日本流に取り入れていたのであり、しかもそれを日本流に角《かど》を落として受け入れているのだということすらも気づいてはいない場合が多かったのだと思います。そしてこのことが可能であったのは、あらゆる西欧の思想が一応文字を媒介にして日本に入ってきたためと考えられます。

ところが、キリスト教だけは文字を媒介にして入ってきたのではなく、西欧のものの考え方や文化の歴史をその血のなかに受けついでいる、宣教師という生きた人間を媒介として日本に入ってきたのでした。したがってキリスト教だけは、これを日本的に受けとめるということが許されず、ヨーロッパ人が受けとめてきたその西欧的形態のまま日本人はこれを受けとめることを強いられたのでした。そこに、日本人があらゆる西欧的なものを喜んで受け入れたにもかかわらず、キリスト教だけは頑強にこれを拒否し続けてきたもっとも大きな理由があると思います。

カトリック、プロテスタントの別なく、明治以来のキリスト教は、いわば苗をうえつけるのではなく、西欧の土壌で育った西欧キリスト教という大木をそのまま日本の土壌にうえつけようとしていたといえるでしょう。したがって、日本の武士道との結びつきをもった内村鑑三のような例外はあったとしても、全体的にみてキリスト教は日本の精神的風土と接触し嚙み合うというところまでまだいっていなかったように思えます。その点、最近の遠藤周作氏の著作『死海のほとり』と『イエスの生涯』は、そのイエス像に賛成すると否とにかかわらず、初めて深く日本の精神的風土にキリスト教がガッチリと嚙み合った、画期的な作品だといえるでしょう。

第二部

イエスの教え

第四章　イエスの神・アッバ（父よ）

　すでに第一章で述べたように、何かについて知ることと、何かを知ることとは違います。何かについて知ることは、そのもののいわば外側から、そのものを前において概念によってそのものをとらえていく知識であり、ちょうどあるものについてたくさんの写真をとっていくやり方のように、いくらでもその知識をふやし、それを人に伝達することができます。

　ある人と見合いをしてみようというときに、その人の写真や履歴書や健康診断書を求め、さらにはその人についての友人の評価、その人の趣味、人生観などについて調べて、その人に関しての知識をあつめたとき、その知識はその人についての知識だといえます。そしてこのについての知識は言葉によって他人に伝達することができるというところに、もっとも大きな長所と力とを持っているといえましょう。

　これに対して、実際に一度その人と会って、その人と語り合い、いのちのふれあいの場においてその人を知ったとき、はじめてその人を知ったということができます。

　ある俳優や野球の選手について、どんなに多くの写真を持ち雑誌からの知識を獲得したとしても、その人はその俳優なり野球選手なりについて知っているとはいえるかもしれませんが、決してその人を知っているとはいえないでしょう。

　あるものを知った場合に、私たちはそのものについて知ったときのように、それを、だれにでも通じるような普遍的な、一般的な形で述べることはできません。なぜなら、そのものを知る場合には、必ずそのものとのいのちのふれあいの場においてそのものをとらえているからであり、したがってどうしてもそれは、そのものを語りながら同時に自分自身を語るということになってしまうからです。いのちのふれあいの場における認識を、いまわかりやすく体験的認識と考えてみれば、体験とは、相手の体験であると同時に必ず己れの体験でもあるからです。

私たちはふだんあまりにも、〝についての知識〟を集積することに慣らされてしまっていて、〝を知る〟ことを忘れてしまっているように思います。西田幾多郎がその有名な処女作『善の研究』のなかでハイネの詩について いっているように、空の星はあるいは美しい金の鋲であるのかもしれないのです。そんな馬鹿な、と言うまえに、私たちは詩はものの生命とのふれあいからほとばしりでてくるものであり、詩的認識は、についての学問的認識とは異なった次元に属していることを知らなければならないでしょう。これは単に真理と虚偽といったような簡単な問題ではありません。

素朴な琴

このあかるさのなかへ
ひとつの素朴な琴をおけば
秋の美しさに耐へかねて
琴はしずかに鳴りいだすだらう

梅

眼がさめたように
梅にも梅自身の気持がわかつて来て

そう思つてゐるうちに花がさいたのだらう
そして
寒い朝霜がでるように
梅自らの気持がそのまま香《におい》にもなるのだらう

私の大好きな八木重吉[1]の詩です。この詩を静かに口ずさんでみれば、八木重吉が自分の生命でつかみとった何かが私の心にも訴えてくるのを感じます。つかみとったというよりは、八木重吉にこの詩を書かさずにはおかなかった何か、という方がよいのかもしれません。この何かは、私たちがある珍らしい動物、たとえばパンダについて説明するように説明できるものではありません。この数行の詩をとおして私たちが追体験する以外にないのです。

神というものはいったいどんなものなんだろうか、目に見えない神なんていったい本当に存在するんだろうか、そんなものは幼い時に私たちが持っていた全能の父親のイメージの無意識的な投影ではないのだろうか――現に神の存在を信じている人でもいない人でも、だれしもが人生の途上で一度は真剣に己れの胸に問いかけたことのある疑問であろうと思います。宗教なんていうものは、科学の未発達の時代に人間が自然の恐怖によって作りだしたもので、自然科学が発達した現代にはもう弱者の幻想として博物館かどこかに陳列しておけばよいのだ、ぐらいに簡単に考える人も多いと思います。

しかし、問題はそう簡単ではありません。

1　一八九八―一九二七年。クリスチャンの詩人。『秋の瞳』『貧しき信徒』といった作品を残した。

神はあるのかないのか、あればどんなものだ、という質問を発するまえに、私たちはまずその質問自体が当を得ているものなのかどうかということを考えてみなければなりません。

もしある人に〝赤ちゃんはいくらですか〟ときかれても、私たちは正確にはその問いに答えることはできません。赤ちゃんはお金で売買できるものではないからです。〝いくらときかれても困ります。赤ちゃんはお金で買えるものではありません〟と答えるほかはないでしょう。それと同じように、もしある人に〝神はあるのか〟ときかれても、私たちはその問いに正確に答えることはできません。〝神はあるともないとも言えません。神は普通の意味での、あるとかないとかいう領域を超えているからです〟と答えるしかないでしょう。

一般に私たちのイメージなり言葉なりをあるものについて持つことができるためには、私たちはそのものの外側にいて、外側からそのものを観察したり、そのものについて考えたりすることができなければなりません。ものを見たり考えたりする主体である自分と、見られ考えられている客体であるものとが分かれていなければなりません。したがって、もし私が神の外側に主体として立つことができて、外側から客体としての神について考えるのならば、たしかに神について普通のものと同じように、あるとかないとかを論ずることもできるでしょう。しかし、そのときには、その論じられている神というものは、私に対して存在している単なる相対的な一つのものにすぎず、もはや絶対でも無限でもないことになりましょう。それは絶対なる神を相対の世界に、偶像の世界に引きずりおろして、多くのもののなかの一つのものとしてしまうことであって、まったく大きな誤りだといわなければなりません。

主体—客体の分離と対立を超える世界に、私たちは論理や言葉によって入ることはできません。もし世界中のすべてのものが、自分も含めてすべて赤色だったとしたら、私たちは決して赤という言葉や概念を持つことはないでしょう。赤は赤ではない色、すなわち黄や緑やその他の色があって初めて赤といえるのであって、区別のないところに私たちは概念や言葉をつくりだすことはできません。〝分別は是れ凡愚のことにして、聖賢のことに非ず〟というのは仏典の楞伽経《りょうが》の言葉だそうですが、これは主体―客体という分離と対立を超えた世界に踏み込むことの重要さを鋭く指摘しているのだと思います。

論理と知性を重んじるギリシャの伝統を受けついだ中世キリスト教の代表的神学者トマス・アクィナス（一二二五―七四年）は、神についての思惟を〝類比概念〟という考え方によって正当化しようとしました。

類比概念というのは、一つの同じ概念が二つ以上の本質的に異なった対象に対して適用された場合に、この本質的には異なっている対象同士が、しかしある面において共通性を持っているために、この概念がまったく正当に両対象に対して使われうる場合にいわれます。これは理解するのにかなりむつかしい概念なのですが、たとえば〝くも〟という言葉は、動物の蜘蛛《くも》にも使われますが、空に浮かぶ雲にも使われます。しかしこの場合は、単に同じ言葉が使われているだけで、蜘蛛と雲の間には何の類似点も見出されませんから類比概念とはいえません。これに対して〝いぬ〟という言葉は、動物の犬に対しても使われますが、同時に警察のまわし者などに対しても使われます。この場合本来は動物の犬をあらわす言葉が、隠れているものを嗅ぎ出すというような意味合いで、類比的に警察のまわし者についても使われているわけですから、この犬という言葉は類比概念であるというのです。またたとえば、美しいという概念は、女の子にもベートーベンの音楽にも同じように正当に使うことができます。その場合、女の子とベートーベンの音楽ではまったく本質的に違うのですが、しかしある類似点も持っているというので、この美しいという概念は類比概念だといわれます。

そしてトマス・アクィナスは、神について私たちが思惟し語る場合、たとえばベートーベンの音楽が美しいといい、同時に神が美しいという場合に、ベートーベンの音楽と神とには絶対的な違いがありながらも、しかも類似しているという点があるということを認めて、この美しいという概念は決して誤って神に対して使われているのではなくて、類比概念として正当に神に対しても使用されていると論じているわけです。

アウグスチヌス、トマスの系列につらなるヨーロッパ・カトリック神学の主流はすべてこの類比概念を認める立場に立っています。それでなければ神学そのものが学としての成立根拠を失ってしまうからです。

しかし私にはどうしても、この立場はあまりにも神を自分に対して立つ一つの何かと考えすぎていて、真の意味での神の絶対性、神について考えることはできないという点を軽んじすぎているように思えてなりません。

イギリスのプロテスタントの神学者ロビンソンが、その著『神への誠実』という本のなかで、〝上なる神〟と〝外にいます神〟という神の像は現代の科学的世界像の前には崩壊し去る運命にあり、〝われわれの存在そのものの根底である神〟という考え方に立ちもどらないかぎり現代人はもはや神を認めることはできないだろう、と述べているのはまことに当を得た議論だと思わざるをえません。

その点、ギリシャ教父たちの系列につらなるロシア正教の神学者たちの方が、もっとよく対象となりえない神というものをとらえていたといえると思います。現代の日本人である私たちが、神や神の国や天地創造といったようなキリスト教の教えを深く自分のものとするためには、さらに一歩掘り下げて、東洋に伝統的な〝無〟という考え方を理解することがほとんど不可欠であるとさえ私には思われます（無については91頁以下参照）。

四世紀にバジリウスといわれる教父がいます。彼は普通カパドキア学派という名でしられている学派に属する一人ですが、そのバジリウスにとっては、ただ神だけではなくて、すべてのものの根底は論理と概念の踏みこむことのできない世界であり、この根底こそが、そのものを真にそのものたらしめているものなのでした。

また同じカパドキア学派のニッサのグレゴリオは、神に関していわれるすべての概念はおよそ偽物であり偶像であって、私たちが頭で作りあげる概念は真実の神を私たちに示さずに、かえって神の偶像を示すにすぎないものであるとさえいっています。私たちは、五世紀の終り頃と推定される偽ディオニシオ[2]と一般に呼ばれているある著作家の『神秘神学』と題する本の次の一節に、あたかも禅家の言葉をきく思いがします。

> 彼〔神〕は言語を絶し知解を絶する。（中略）大に非ず小に非ず、同一に非ず類似に非ず区別に非ず、彼には止なく動なく静なく、また力にでもなく無力でもない。（中略）彼は一でもなく多でもなく、神性でもなく至善でもない。（中略）また存在する何ものでもなく、存在しない何ものでもない。暗に非ず明に非ず、真に非ず偽に非ず、彼は肯定されうべくもなく否定されうべくもない。
>
> （『宗教とその真理』〔柳宗悦宗教選集第一巻〕春秋社、一九九〇年、176—177頁）

今世紀ロシアの神学者ウラジミル・ロスキも、東方教会を一貫して現代に至るまで流れてきた姿勢は、このアポファティズムの神学であると言っています。

アポファティズムの神学というのは、カタファティズムの神学に対立する意味で使われており、カタファティックというのがギリシャ語で〈言語による〉という意味であるのに対し、アポファティックというのは〈言語によらない〉という意味です。ロスキは西ヨーロッパの神学では、つねに神について語らんとする神学がその主流を占めていたのに反して、東方神学は一貫して神についての概念や言葉をつくりだすことをいっさい拒否する神学の態度を保ってきたといっています。

偽ディオニシオの著作が偽作であるとわかったのは今世紀に入ってからのことであって、中世を通じてずっとこの著作は、『使徒行伝』一七章にでてくるパウロの弟子、アテネの裁判官ディオニシオのものである

2　「ディオニュシオス文書」の著者とされる人物。おそらく、五〇〇年頃のシリアの修道者であると考えられている。

と考えられていました。したがってこの著作の持っていた権威は中世ではたいへんに重く、トマス・アクィナスなどもこの著作のもつ新プラトン派主義を自己のよって立つアリストテレス哲学にそって解釈してゆくことにたいへん頭をなやませたほどでした。この著作の権威がたいへん重かった以上、もちろん西欧にもアポファティックな傾向を持つ思想家がいないわけではありませんでした。十七世紀スペインの思想家十字架のヨハネの次の言葉はよくそのアポファティックな思想をあらわしているといえましょう。

〝この人生の上にしばしあたえられる神の恵みのうちで最大のものの一つは、わたしたちが神について全く何も知り得ないということを、かくも明白にかくも深遠にわたしたちに知ることを神がゆるされたということである〞。

しかしアポファティックな神学が、ヨーロッパ神学の流れのなかでは遂に主流となることができなかったということは、私たちはこれを認めなければならないでしょう。

先日ある心理学者の本を読んでいたら、私たちは決して自然な自分の素顔を見ることはできない、というようなことが書かれていました。たしかに鏡に映る自分の顔は左右反対ですし、写真の顔はとても自然な自分の顔とはいえないでしょう。私たちは目を使って、自分から離れて目のまえにあるものなら何でも見ることができます。しかし目の前に離れて置くことのできないようなもの、たとえば自分の顔のようなものは決して見ることはできません。目は顔の中にあり、顔によって支えられているので、目を顔からとりはずして顔の前にでも置くことができないかぎりそういうことはできませんし、もし目を顔から切りとってしまえば、目は目としての生命を喪失してしまって、もはや目として成りたたなくなってしまうからです。したがって目は、自分では見ることのできない顔の中にあり、顔によって支えられていて初めて目の働きを果たすということができます。目は目ならざるものによって初めて目である、ともいえましょう。

このことは人間の理性についてもいえます。

人間理性は、目と同じように、理性の外にあり、理性が対象としてとらえることができるものについては、それが何であってもそれを概念化し、それについて語ったり分析したり綜合したりすることができます。そのものがあるとかないとかの判断を下すこともできます。しかし、理性が対象としてとらえることのできない、すなわち、理性がそのなかにありそれによって逆に支えられている何か、その何かなしには理性は理性としての働きを失ってしまうような何かについては、理性はそれについて語ることもできませんし、あるともないともいうこともできません。人間理性はこの何かについては静かに沈黙する以外にはありません。

自分の顔は目では見えなくても、手でふれることによってその存在を確かめることができます。それと同様に、この何かは理性では考えられなくても、全存在によってこれを体験することができます。この何かを、言葉を超えたもの、言葉にはならないものという意味で無とよぶなら、私たちは決して無について考えることはできず、無はただ生きて体験する以外に仕方のないものだといえます。

神はこの絶対に対象とはなりえない何か、すなわち無において己れをあらわすかたなのです。その意味で無は神の場であるといえるでしょう。

神が、無を生き体験する行為の中にしか己れをあらわさないとするならば、神を対象化しうる一つのもののように考えて、〝神はあるのか、ないのか〟というような問いには、先にも述べたように、〝赤ちゃんはいくらするのですか〟という問いにたいするのと同じように、的確な答えをあたえることはできません。その問い自身が間違った問いかけだからです。

パウロは、有名なアテネのアレオパゴスの丘での説教のなかで、次のようにいっています。

「アテネの人たちよ、あなたがたは、あらゆる点において、すこぶる宗教心に富んでおられると、わたしは見ている。実は、わたしが道を通りながら、あなたがたの拝むいろいろなものを、よく見ているうちに、『知られない神に』と刻まれた祭壇もあるのに気がついた。そこで、あなたがたが知らずに拝んでいるものを、いま知らせてあげよう。

この世界と、その中にある万物とを造った神は、天地の主であるのだから、手で造った宮などにはお住みにならない。（中略）神は、すべての人々に命と息と万物とを与え、また、ひとりの人から、あらゆる民族を造り出して、地の全面に住まわせ、それぞれに時代を区分し、国土の境界を定めて下さったのである。（中略）神はわれわれひとりびとりから遠く離れておいでになるのではない。われわれは神のうちに生き、動き、存在しているからである。」

（『使徒行伝』一七章二二―二八節）

当時哲学や思想の中心地であったアテネは、ストア派[3]やエピクロス派[4]をはじめ、あらゆる哲学を論じる人たちで賑わっていました。人間理性と論理にとって、たしかに神は、〃知られざる〃ものでしかなかったのでしょう。

しかしイエスにとって神は単に知られざる何かではありませんでした。ストア派が考えたような無味乾燥な宇宙を貫く原理といったものでもなく、またユダヤ人たちが考えていたような、聖なる神、審《さば》く神、罰し怒る神でもありませんでした。

イエスにとって神は何よりもまずアッバ（父よ）と呼びうるかたでした。

3 前三世紀頃、ゼノンによってつくられた哲学の一派。初期、中期、後期に区分される。
4 前四―前三世紀のエピクロスを始祖とする、哲学の一派。

前にも繰り返し述べたように、私たちはこの父という言葉を、私たちがその外に立って、目の前のものに区切りをつけるレッテルのような、抽象的客観的概念と考えてはなりません。そうしないと、イエスも私たちも、共に神の外に立っているというたいへん奇妙なことになり、神をまたまた戯画の世界におとし、偶像化することになってしまいます。

アッバ（父よ）という言葉は、イエスにとって、その深い神の子の自覚と体験からうまれた言葉です。決して対象についての区切りのレッテルのような言葉ではなく、そうとしか言いあらわしえないような深い生の体験の表現なのです。言いかえれば、父という言葉は、イエスが神の外に立って神について語っている言葉ではなくて、神との一致を子として体験したイエスが、己れの生の体験を言葉化したものなのです。

宇宙を貫く原理だとか、大生命だとか、無だとかいうものに対しては、私たちは祈りを捧げることはできません。イエスのアッバという言葉には、神は、対象化できない、私たちがその外に立つことはできないかただけれども、祈りを捧げることのできるかたであり、父のように深い愛をもって包んでいてくださるのだという、子としてのイエスの強い体験と確信が溢れているのです。

パウロのいうように、私たちは神と離れてあるのではありません。神は、それなしには私たちは私たちでありえず、生きとし生けるものはみなそれぞれのものたりえない根源でありながら、しかし同時に限りなく深く私たちひとりびとりを愛してくださる愛の父である、というのがイエスが私たちに示した神であり、神の愛にいっぱいにみたされたイエスだけが示しうる神のすがたなのでした。

イエスはその教えのなかで、自分だけが体験しえた、父としか呼びようのない愛の神を語り、どうすれば私たちがはるかに低い段階ではあっても、その父の愛を体験しえたよろこびを自分のものとしうるかを、繰り返し呼びかけ語りかけているのだと思います。

「子を知る者は父のほかにはなく、父を知る者は、子と、父をあらわそうとして子が選んだ者とのほかに、だれもありません。」

（『マタイ福音書』一一章二七節）

これは深いイエスの体験であり確信でした。この知るという言葉は、原文ではギリシャ語のエピギノスコーという言葉が使われているわけですが、私たちはブルトマンが『新約神学辞典』の〝知る〟という項目の中で注意しているように、ヘブライ人の知るという意味を、ギリシャ人たちの客観的・概念的認識と混同してはならないでしょう。ヘブライ人にとって知るとは、私たちが普通に〝あの人はまだ世間を知らない〟というふうな意味で使っているのと同じで、単に理性による客観的認識ではなく、深い体験的認識をさしているのです。

ユダヤ教の神は第一に聖なる神であり、近づきがたい神であり、罪人にたいしては怒りと罰を呵責なく加える神でした。もちろん『ホセア書』のような例外はあります。しかしそれはユダヤ教としてはあくまでも支流であり、ユダヤ人の一般的な考え方としては、聖なる神は罪人に完全に敵対するものでした。神に背くものが此の世から滅ぼされたときに神の前に喜びがある、というあるユダヤ教のラビの言葉や、預言者イザヤの「見よ、主の日が来る。残忍で、憤りと激しい怒りとをもってこの地を荒し、その中から罪びとを断ち滅ぼすために来る」（『イザヤ書』一三章九節）という個所に、私たちはユダヤ教の神のすがたをうかがうことができます。そしてその点から、私たちは、イエスが取税人や罪人たちと一緒に食事をし、それらのみじめな哀しい孤独な人たちの友となったとき、パリサイ派[5]や律法学者たちが、なぜあれだけの反発と憎しみをイエスにたいして抱いたかを理解することができるでしょう。

---

5 前二世紀頃―後一世紀に存在した、ユダヤ教の一派。口伝律法や律法解釈を重んじた。本書146頁も併せて参照。

しばらくの間イエスが師と仰いだ、旧約時代の最後の預言者洗礼者ヨハネのヨルダン川における説教もまた厳しいものでした。

「まむしの子らよ、迫ってきている神の怒りから、おまえたちはのがれられると、だれが教えたのか。だから、悔改《くいあらた》めにふさわしい実《み》を結べ。（中略）斧がすでに木の根もとに置かれている。だから、良い実を結ばない木はことごとく切られて、火の中に投げ込まれるのだ」。（『マタイ福音書』三章七―一〇節）

ラタブと呼ばれる茨がまばらに見られる以外は、見渡すかぎり一木一草とてなく、禿鷹が食い残した動物の白骨を思わせるような石灰岩の岩石が至る所に褐色の地肌から露出しているユダの荒野、動物の肉の腐敗したときのそれに似たような匂いがかすかに鼻をつく、魚一匹すめない死の湖、死海のほとりに立って、夕日が虫にくわれた流木のようにところどころにポッカリと不気味な洞窟をあけているクムランの禿山の彼方に沈んでいくのを眺めたとき、私はその悪徳のゆえにソドムとゴモラの町を焼きつくしたヤーヴェの神の厳しさ（『創世記』一九章参照）と、この洗礼者ヨハネの言葉を思いださずにはいられませんでした。

この怒りと罰と裁きのユダヤ教の神に対して、イエスの示す神は、あのユーカリの樹々が静かに影を落とし、小鳥が腹をみせながら赤いアネモネや黄色の野菊が咲き乱れる緑の湖畔の丘から湖面へと流れるように飛び交っている、青磁色をたたえたガリラヤ湖にふさわしく、愛とやさしさをもってすべてを暖かく親のように包んでくださる神なのでした。

イエスが神にむかって呼びかけるときに使ったアッバという言葉は、当時イエスも弟子たちも普通にしゃべっていたアラム語であって、新約聖書学者のエレミアスによれば、もともとは小さい子供のしゃべる片言の音でしたが、後には成人した息子や娘たちも親しく呼びかけるときは自分たちの父親をこのアッバという言葉で呼ぶようになったといわれます。成人した息子や娘たちが正式に父親を呼ぶ場合には、もちろん、このアッバという言葉は使わなかったようです。いずれにせよ、モーセの掟の註解書であるユダヤ教のタルムードにも〝子供が小麦の味を知るようになったら——すなわち乳離れするようになったら——まずアッバとイマという言葉を学ぶ〟と記されているということを考えてみれば、とにかくかなりくだけた親しい言葉であり、現在の日本におけるパパと同じようなものと考えたらばよいのではなかろうかと思われます。

神を父と呼んだことはイエスが決して初めてではなく、旧約聖書にもそのような個所はあります。しかし、アッバ（パパ）という言葉で神に呼びかけたのは実にイエスが初めてであり、それだけに弟子たちや律法学者たちは、この呼びかけに驚きやある種の羨望にも似た嫉妬を感じたことだったでしょう。

何よりもまず〝聖なる、近づき難き神〟——聖なる神という表現は、『イザヤ書』だけでも二十九回もでてきます——であったユダヤ教の神に対し、アッバと呼びうる神、それがイエスが示した神なのでした。そしてイエスにとってアッバである神が、同じように私たちにとってもアッバなのだということが、イエスが身をもって私たちに教えようとしたもっともたいせつなことの一つなのでした。

パウロもイエスのこの教えを次のように述べています。

神はわたしたちの心の中に、「アッバ、父よ」と呼ぶ御子の霊を送って下さったのである。
（『ガラテヤ書』四章六節）

その霊によって、わたしたちは「アッバ、父よ」と呼ぶのである。
（『ロマ書』八章一五節）

あるときは自分の醜さや汚さのために神の前で不安におののきながら、しかもあるときは娼婦や取税人を自分よりももっと汚れた者だと心の中で軽蔑し、口ぎたなく罵ろうとしている人々とは違って、イエスはいつも変わらない暖かなやさしいまなざしで、神の無量な親のような深い愛を説き続けたのでした。

「天の父は、悪い者の上にも良い者の上にも、太陽をのぼらせ、正しい者にも正しくない者にも、雨を降らして下さるからである。（中略）空の鳥を見るがよい。まくことも、刈ることもせず、倉《くら》に取りいれることもしない。それだのに、あなたがたの天の父は彼らを養っていて下さる。あなたがたは彼らよりも、はるかにすぐれた者ではないか。あなたがたのうち、だれが思いわずらったからとて、自分の寿命をわずかでも延ばすことができようか。また、なぜ、着物のことで思いわずらうのか。野の花がどうして育っているか、考えて見るがよい。働きもせず、紡《つむ》ぎもしない。しかし、あなたがたに言うが、栄華をきわめた時のソロモンでさえ、この花の一つほどにも着飾っていなかった。きょうは生えていて、あすは炉《ろ》に投げ入れられる野の草でさえ、神はこのように装って下さるのなら、あなたがたに、それ以上よくしてくださらないはずがあろうか。ああ、信仰の薄い者たちよ。」

（『マタイ福音書』五章四五節、六章二六―三〇節）

「あなたがたのうちで、自分の子がパンを求めるのに、石を与える者があろうか。魚を求めるのに、へびを与える者があろうか。このように、あなたがたは悪い者であっても、自分の子供には、良い贈り物をすることを知っているとすれば、天にいますあなたがたの父はなおさら、求めてくる者に良いものを下さらないことがあろうか。」

（『マタイ福音書』七章九―一一節）

いつの時代でもそうなように、またそれが人間の哀しみでもあるのでしょうが、イエスの時代にも人々はいつも目に見える効果と力とだけを求め続けていました。

なぜ私は病気でこんなに苦しまなければならないのか、なぜうちの子は健全な心身をもって生まれてこなかったのか、神は何もしてくれないのか——そう叫びながら、人々はイエスに現実の権力と奇跡とを求めてむらがってくるのでした。それらの叫びが切実で真実のものであることが心の奥からわかっていたイエスのまなざしは、おそらく深いやすらぎのうちにも、なにかしらある哀しみをたたえていたのではなかろうかと想像されます。

イエスはそれらの人々の切なる思いを自分の心に受けとりながら、しかしはっきりと説き続けるのでした。

——そうではない。神は私たちにはパパと呼べるような、親のような愛のかたなのだ（1）。神は私たちひとりびとりの人間の哀しみや苦しみはみんなよく知っておられる（2）。

子供がおなかをへらして、一所懸命パンをくれと言っているのに、石をやって喜ぶ親はいないのだ（3）。それならなぜこんな哀しみや苦しみや悲惨がこの世の中にいっぱいなのか、とあなたがたは問うだろう。私にはわかっている。しかし人間の言葉であなたがたに説明することはこの私にもできぬ。

目に見える世界だけがすべてではない。あの湖畔に咲くアネモネを見よ、湖面をかすめて飛んでいる空の鳥を見よ。あなたがたがいつも夢にまで見てあこがれている、あのソロモン王の宮殿も栄華も、この一輪のアネモネの粧いに及びはしない（4）。

この意味があなたがたにわかるか。

蒔きも刈りもせず、しかも毎日を生きているあの鳥たちの無心の姿のうちに、あなたがたは見える世界を超えた神の愛の息吹きを感じることはできないか（5）。見えるものは、見えないものによって生かされて、はじめて見えるものとしてあるのだ（6）。

もしあなたがたが、これらのアネモネや空の鳥のうちに、それらを超え、それらを生かしている神の愛の息吹きに耳を傾けるすべを知っているなら、あなたがたは自分たちの上に注がれているもっと大きな、暖かな、大地のような神の愛に気づくことができるはずだ。

しかし、そのためには、まずあなたがたは幼子《おさなご》のように素直な、無心の心に立ち返って（7）、親のように暖かく大地のように広い神の愛を信じることができねばならぬ。

それはたとえば、どんな放蕩息子であっても、帰ってきてくれたというだけで、自分で走り出して行って息子を迎える父親のような愛なのだ（8）。草をさがして勝手に迷いこんでしまった一匹の羊を、何日でも、どこまでも探し求めて歩く羊飼いのように、神を見失ってさまよっている不安な私たちの人生をさがし求めていてくださる神の愛なのだ（9）。

善人には陽をのぼらせるが悪人には陽をのぼらせないというような神ではないのだ（10）。神はまずパパなのだ。私にとっても、そしてあなたがたにとっても（11）。

それが信じられるようになるためには、あなたがたは、どんなに苦しくとも悲しくとも、またどんなに現実が不合理に見えようとも、勇気をだし、心を改め（12）、知恵ある者のように振舞わず（13）、小賢しい人間のさかしらを捨て、ただひたすら神の前に手を合わせ頭を下げねばならぬ（14）。

幼子の心、愚かな心に立ち返ることを知らぬ者に、永遠の生命は開かれぬ（15）。花に鳥に神の愛の息吹きを聴きとることはできぬ。

現実の矛盾と不条理を解決できぬ無力な神などわれわれはいらぬ。われわれは自分たちの力だけでこの地上にあなたの言う天国を築いて見せる。いくらそう言って、あなたがたが頑張ってみても、所詮人間に天国を築くことはできぬ（16）。

人の心には餓鬼の世界、畜生の世界、修羅の世界が巣くっている。他人を見下げることに幸福を覚え（17）、人の目にある塵を見て己れの目にある梁を見ず（18）、他人を審くことに心の痛みを覚えぬ程に傷つき汚れている人の心は、自らも知らぬ間に神に代って人を審く暴挙をおこなうであろう（19）。

人はいくら頑張っても大地の外に出ることはできぬ。大きな神の手の悲愛の外に出ることはできぬ（20）。自ら神の座にすわろうとするものは、かえって餓鬼や修羅の世界に落ちるであろう。

あなたがたのうち、だれが思い煩ったからといって、自分の寿命を少しでも延ばすことができるか（21）。どんな人でも、たった一人で最後には死の門をくぐらなければならないのだ。人類も神から創られた地球上の一生物である以上（22）、いつか人類という生物も死滅するときが来るだろう。そして地球もやがて冷えて、あの広大な宇宙のなかに一つの塵として飛散するのかもしれぬ。

すべてが自分の力でできるように錯覚し、明日のことをくよくよと思い煩って失望するな（23）。泥棒がまったく予告なしに侵入してくるように、今晩にも死はあなたがたのもとを訪れてくるかもしれないのだ（24）。明日の苦労は明日が思い煩うであろう（25）。

小さな己れにかかずらうことを勇気をもってやめ、幼子の心、愚かな者の心に立ち返って日々の十字架を背負い、私について来なさい（26）。大丈夫だ。私と一緒にいるかぎり、その日々の労苦と十字架は必ず軽くなる（27）。

善き羊飼いがその羊のために命を捨てるように（28）、私はあなたがたのために十字架の上で私の命を捧げよう（29）。それによって私の命に溢れていた〝アッバ〟なる神の愛は、堰を切った奔流のように私の命からあなたがたの命に溢れていくだろう。

私と一緒にその神の愛にすべてを委ねなさい（30）。神の愛はあなたがたのうちに溢れ、あなたがたはそのとき、私のいうことが真実であることを悟るだろう（31）。そしてあなたがたは、そのとき初めて自分では決してできなかった愛のわざをおこなうことができ、私が人々に接したときの、暖かなすんだ平和な愛のまなざしに似たものを己れのものにすることができるだろう（32）。そして、あなたがたには平和と一致が訪れるだろう（33）。

真実の愛は〝アッバ〟なる神からしか来ぬ（34）。——

（註）（1）ガラテヤ4・6、（2）マタイ6・32、（3）マタイ7・9、（4）マタイ6・29、（5）マタイ6・26、（6）ヨハネ15・4、（7）マルコ10・14、（8）ルカ15・20、（9）ルカ15・4—6、（10）マタイ5・45、（11）マルコ14・36、ロマ8・15、（12）マルコ1・15、（13）マタイ11・25、（14）ルカ18・10—14、（15）マルコ10・15、（16）ヨハネ15・5、（17）ルカ18・11、（18）マタイ7・3、（19）ヨハネ8・3—11、（20）使行17・28、（21）マタイ6・27、（22）使行17・26、（23）マタイ6・34、（24）ルカ12・39、12・40、（25）マタイ6・34、（26）マルコ・8・34、（27）マタイ11・29—30、（28）ヨハネ10・11、（29）ヨハネ10・18、（30）ペテロ第一5・7（31）ヨハネ14・26、（32）ロマ5・5、（33）ヨハネ17・20、（34）ヨハネ第一4・7　以上の個所参照。

幼児が父親の腕にいだかれながら、アッバと父親にむかって呼びかけるとき、そこには自分対父親といったようなはっきりとした主と客との対立はありません。そこには大きな愛に包みこまれた安堵とよろこびの一致の体験があるだけです。

イエスが神にむかって呼びかけたアッバという言葉の中には、主—客未分におけるこの深い愛の一致の体験がありました。

イエスは、あらゆる意味で完全に神の独り子であったわけです。

そこには人間と対立している神の姿はありません。父親が愛児を抱くように、限りなく広い大きな愛をもって日々の私たちの生命を包んでいる神の姿があります。

次の二つのイエスのたとえのなかに、いかにしてそのアッバとしての神の愛の深さを伝えようかと努めているイエスの姿をうかがうことができるような気がします。

「ある人に、ふたりのむすこがあった。ところが、弟が父親に言った。『父よ、あなたの財産のうちでわたしがいただく分をください』。そこで、父はその身代《しんだい》をふたりに分けてやった。それから幾日もたたないうちに、弟は自分のものを全部とりまとめて遠い所へ行き、そこで放蕩に身を持ちくずして財産を使い果した。何もかも浪費してしまったのち、その地方にひどいききんがあったので、彼は食べることにも窮しはじめた。そこで、その地方のある住民のところに行って身を寄せたところが、その人は彼を畑にやって豚を飼《か》わせた。彼は、豚の食べるいなご豆で腹を満たしたいと思うほどであったが、何もくれる人はなかった。そこで彼は本心に立ちかえって言った。『父のところには食物のあり余っている雇人が大ぜいいるのに、わたしはここで飢えて死のうとしている。立って、父のところへ帰って、こう言おう、父よ、わたしは天に対しても、あなたにむかっても、罪を犯しました。もう、あなたのむすこと呼ばれる資格はありません。どうぞ、雇人のひとり同様にしてください』。そこで立って、父のところへ出かけた。まだ遠く離れていたのに、父は彼をみとめ、哀れに思って走り寄り、その首をだいて接吻した。むすこは父に言った、『父よ、わたしは天に対しても、あなたにむかっても、罪を犯しました。もうあなたのむすこと呼ばれる資格はありません』。しかし父は僕《しもべ》たちに言いつけた、『さあ、早く、最上の着物を出してきてこの子に着せ、指輪を手にはめ、はきものを足にはかせなさい。また、肥えた子牛を引いてきてほふりなさい。食べて楽しもうではないか。このむすこが死んでいたのに生き返り、いなくなっていたのに見つかったのだから』。それから祝宴がはじまった。ところが、兄は畑にいたが、帰ってきて家に近づくと、音楽や踊りの音が聞えたので、ひとりの僕を呼んで、『いったい、これは何事なのか』と尋ねた。僕は答えた、『あなたのご兄弟がお帰りになりました。無事に迎えたというので、父上が肥えた子牛をほふらせなさったのです』。兄はおこって家にはいろうとしなかったので、父が出てきてなだめると、兄は父にむかって言った、『わたしは何《なん》か年《ねん》もあなたに仕《つか》えて、一度でもあなたの言いつけにそむいたことはなかったのに、友だちと楽しむために子やぎ一匹も下さったことはありません。それだのに、遊女どもと一緒になって、あなたの身代を食いつぶしたこのあなたの子が帰ってくると、そのために肥えた子牛をほふりなさいました』。すると父は言った、『子よ、あなたはいつもわたしと一緒にいるし、またわたしのものは全部あなたのものだ。しかし、このあなたの弟は、死んでいたのに生き返り、いなくなっていたのに見つかったのだから、喜び祝うのはあたりまえである。』」

（『ルカ福音書』一五章一一―三二節）

放蕩息子が帰ってきたのを遠くから見つけてとんで行き、その首に接吻する父親の姿は、私たちにはむしろ無条件の母親の愛を思わせるものがあるように思います。この放蕩息子を迎え入れる父親の姿によって、私たちをいつも大きくいだき迎えられるアッバなる神の姿をイエスが示そうとしていることは議論の余地がないと思われます。

「あなたがたのうちに、百匹の羊を持っている者がいたとする。その一匹がいなくなったら、九十九匹を野原に残しておいて、いなくなった一匹を見つけるまでは捜し歩かないであろうか。そして見つけたら、喜んでそれを自分の肩に乗せ、家に帰ってきて友人や隣り人を呼び集め、『わたしと一緒に喜んでください。いなくなった羊を見つけましたから』と言うであろう。」

（『ルカ福音書』一五章四―六節）

一九四七年の春、二人のヨルダンのベドウィン[6]の羊飼いの少年が、迷った黒い山羊をさがして、ひとり死海のほとりのクムランの修道院の遺跡のあとまでやってきました。一木一草もない無気味にひろがった荒地の断崖に、彼らは一つの洞窟がぽっかりと口を開けているのを見つけました。ひょっとするとあそこに迷いこんでいるかもしれない、そう思った少年は、その洞窟の所まではいあがり中に石を投げてみました。山羊はいませんでしたが、石はコチンという音をたててはね返りました。そこには古いかなり大きな壺があったのでした。宝物でも入っているかと、期待に胸をふくらませながらその壺を開けてみた少年はがっかりしました。中には宝物ではなく、古ぼけた革の巻物が入っていたのです。

少年はその中の比較的きれいなものをえらんでベトレヘムの骨董屋に売りつけました。後にエルサレムのギリシャ教会の大主教の手にわたったこのパピルスの断片をみて、聖書学者たちは驚きの叫びをあげました。その七メートルあまりの巻物は、実におよそ紀元前一〇〇年に写されたヘブライ語の『イザヤ書』だったのです。そしてヘブライ語の聖書原典については、十世紀の写本がいちばん古いものとそれまでは見なされていたのでした。

これが後に、聖書学に、考古学に、その他の学問的分野にきわめて大きな影響をあたえた有名な〝死海文書〟[7]発見の物語ですが、私は数年前ユダの荒野から、死海文書の発見されたこのクムランの洞窟を眺めたと

6　シリア・アラビアの砂漠地帯で、家族や氏族といった共同体で移住しながら生活する遊牧民。
7　一九四七年以後、死海の西北岸のクムラン地域の洞窟から発見された、写本を指す。

きほど、先のイエスの羊飼いのたとえ話を感動をもって思いだしたことはありませんでした。

以前から、パレスチナの羊飼いたちがどれほど自分の羊をたいせつにしていたかは、私もきいて知っていました。彼らは一匹一匹の羊に名前をつけ、それぞれの羊について、これは歩行が弱いとか、これは恐がりやすいとか、こまかく知りつくしていました。また移動するさいには野獣や泥棒の餌食にならないように、いつも羊飼いたちは羊の先頭に立って未知の小径《こみち》にわけいってゆくということでした。「よい羊飼は、その羊のために命を捨てる」（『ヨハネ福音書』一〇章一一節）というイエスの言葉通りに、今世紀の始めにも、羊のために野獣と戦って死んだ羊飼いの例がパレスチナでは報告されています。また、羊が迷い子になったときには、どこまでもさがし歩き、羊の死骸を見つけるまでは帰らないのだということも聞いていました。

しかし実際に、あの荒涼たる荒野の彼方にはるかにクムランの洞窟を見、〝死海文書〟発見の物語を思いだしたとき、迷った山羊をさがしてあの洞窟まで行った羊飼いの少年の姿に、私は深い感動を覚えたのでした。数人で歩いてさえ無気味なこの荒野を、おそらく水筒と弁当をもって少年は恐怖の思いと戦いながら一匹の迷った山羊をさがし歩いたことだったでしょう。

羊飼いの言うことを聞かず、ただ青草がたべたいばかりにうっかり仲間からはぐれてしまって、褐色の土に無気味に白い石灰岩が露出する死の匂いをこめたような荒野で、不安と恐怖に立ちすくんでいる一匹の山羊の姿、それにまた一方では声をからしながら荒野をさがし歩いている羊飼いの姿、この二つの姿の上に、いつのまにか次第次第に、人生の旅路を神に背をむけてとぼとぼと孤独と不安のうちに歩んでいる私たちの姿と、それを一所懸命包みこもうとしていてくださる神の愛の姿が、私の心のなかで二重写しになってゆくのでした。

第五章　神の国・永遠の生命

神の国、天の国についての教えは、イエスの宣教の中心をなしているといわれます。

イエスの宣教は、「神の国は近づいた。悔い改めて福音を信ぜよ」（『マルコ福音書』一章一五節）という言葉で始まったとマルコは記しています。

『マタイ福音書』の著者は、神という言葉を使うのを恐れ多いと考え、よく神のかわりに天という言葉を使っていますが、『マタイ福音書』における〝天の国〟は、他の福音書における〝神の国〟とまったく同じ意味に使われているといえます。この〝国〟と日本語で訳されている言葉は、ギリシャ語ではバシレイアであって、この表現はアラム語の〝天のマルクース〟というユダヤ的表現に由来したものと考えられています。

このアラム語のマルクースは、もともと抽象名詞であって、〝主権〟とか〝王的支配〟とか〝支配〟とかいうことを意味していると考えられていますので、このバシレイア・トゥー・テウーという言葉は、〝神の国〟よりむしろ〝神の支配〟と訳したほうがより適切であるのかもしれません。

また『マルコ福音書』の九章の四三節と四五節と四七節とを比較してみると、マルコにとって、〝神の国に入る〟という表現と、〝生命に入る〟という表現はまったく同じ意味に使われていることがわかりますし、マタイでの並行個所一八章九節では、そのまま〝生命に入る〟という表現が使われているのに気づくことができます。

また『ヨハネ福音書』においては、〝生命〟〝永遠の生命〟も同じような意味に使われていることから考えてみて、福音書記者たちにとっては、〝神の国〟〝天の国〟〝生命〟〝永遠の生命〟は同じ意味に使われているとみて差し支えないでしょう。

イエスは神の国について、ただ一度も定義らしいものをあたえたことはありません。ぜんぶたとえで説明しています。

これは前にも記したように、神の国というものが、その本性上、神の国の外に私たちが立って外から言葉という区切りのレッテルをはりつけるということのできるようなものではなく、私たち自身がその中に包みこまれており、私たちを私たちたらしめている根源だからであることはもちろんですが、しかしそれと同時に、イエス自身が他のユダヤ教のラビたちと同じように、私たちの毎日の汗臭い現実の生活からたとえを取り出してきて、それを生々と説明することを好んだからでもあったと思われます。

マタイにでてくるかなりの数のたとえを今少し横において、もっとも初期の資料にさかのぼると考えられる三つのたとえ、すなわち、〝ひそかに育つ種〟〝からし種〟〝パン種〟の三つのたとえについてまず考えてみたいと思います。

からし種、パン種の二つはマタイ、ルカ両福音書に、ひそかに育つ種のたとえは『マルコ福音書』にのっています。

　そこで言われた、「神の国は何に似ているか。またそれを何にたとえようか。一粒のからし種のようなものである。ある人がそれを取って庭にまくと、育って木となり、空の鳥もその枝に宿るようになる。」

（『ルカ福音書』一三章一八―一九節）

また言われた、「神の国を何にたとえようか。パン種のようなものである。女がそれを取って三斗の粉の中に混ぜると、全体がふくらんでくる。」

（『ルカ福音書』一三章二〇—二一節）

「神の国は、ある人が地に種をまくようなものである。夜昼、寝起きしている間に、種は芽を出して育って行くが、どうしてそうなるのか、その人は知らない。地はおのずから実を結ばせるもので、初めに芽、つぎに穂、つぎに穂の中に豊かな実ができる。実がいると、すぐにかまを入れる。」

（『マルコ福音書』四章二六—二九節）

このたとえを読んでまず明らかなことは、神の国は決して人間が自分の力で建設するような種類のものではないということ、次に神の国は成長していく生命のように、己れ自らの力をもって力強く成長していくということです。八木誠一氏が指摘しているように、それは天然自然、天然《しか》らしむるが故におのずから然《しか》り、というものであり、私たち生きとし生けるものを生かす根源の生命《いのち》の働きであり、存在しているあらゆるものをまさにそのものたらしめている根源の力、原事実ともいえるでしょう。

この原事実としての天然自然の神の国がもうそこまで来ている、いやもうすでに私のなかには到来しているのだ。あなた方の存在の根底においてもう働き始めている。だから童心に立ち返ってこの神の国を受け入れる準備をしなさい。それがあなたがたが真の自分として成長完成することであり、よろこびといのちへの道なのだ、——それがイエスのメッセージでした。

福音書と同時代頃のユダヤ教には、神の国についての二つの主要な考え方がありました。

第一は、神はイスラエル民族の王であり、イスラエル人が律法に示されている神の意志に従順であるならば、その限りにおいて神の王的支配が来るという考え方であり、律法に自己を従わせることが、〝自分に天の王国をひきうける〟ことになるわけでした。この考え方によれば、その意味においてのみ〝神の国〟は現在すでに来ているということになるわけですが、人間が律法を守るか否かにかかわらず神の国はそこに在るといえるものではありません。

第二は、神は全世界の王であるが、まだ世界中が神を認めているわけではないので、やがて世の終りに全世界が神を王として認める日が来るという考え方で、歴史の未来に神の国への希望をおいているわけです。後期のユダヤ教における黙示文学といわれるものはこの考え方に属するわけで、新約聖書のヨハネの黙示録や、小黙示録と普通に呼ばれている『マルコ福音書』一三章や、マタイ、ルカによるその並行個所の考え方がそれであって、おそらくこの福音書の個所は後期ユダヤ教の黙示文学の影響のもとに書かれたのではなかろうかと推測されます。

しかし、イエスの神の国についての教えには、このユダヤ教の二つの考え方に入らない、それ以上のことが明らかに述べられています。

しかし、わたしが神の霊によって悪魔を追い出しているのなら、神の国はすでにあなたがたのところにきたのである。（『マタイ福音書』一二章二八節）

神の国はイエスのなかにすでに到来しており、イエスの全生活はすでに神の愛に完全にみたされている、――それがユダヤ教には見られないイエスの新しい宣言でした。神の国が、いのちがすでに到来したからこそ、イエスは悪と憎しみと闇の力である悪霊を追い放つことができたのでした。

また、神の国はいつ来るのか、という未来の予告を期待するような問いにたいしても、イエスは明白に答えています。

「神の国は、見られるかたちで来るものではない。また『見よ、ここにある』『あそこにある』などとも言えない。神の国は、実にあなたがたのただ中にあるのだ。」（『ルカ福音書』一七章二〇―二一節）

イギリスの新約聖書学者C・H・ドッドの言葉を借りるなら、イエスによって神の国は現在の経験の事柄となったといえるでしょう。ドッドは『マルコ福音書』一章一五節の「神の国は近づいた」（傍点筆者）と訳されているエンギケンというギリシャ語も、それと同じヘブライ語アラム語の動詞を想定してみれば、「神の国はすでにあなたがたのところにきたのである」（傍点筆者）という『ルカ福音書』一一章二〇節の個所に使われているギリシャ語動詞エフィタセンと同じ意味であるとさえいっています。

神の国は完全なかたちですでにイエスのうちに実現していました。そこから、あの娼婦や重い皮膚病を患っている人たちにたいするイエスの暖かな愛のまなざしがうまれてきているのです。そしてイエスと同じように完全なかたちをとることは不可能であったとしても、やはり私たちひとりびとりのうちに神の国は実現されていかなければなりません。泉が地上に湧き出るように、梅の花から自然に快い香りがたちのぼるように、そこから愛が私たちのいのちと生活に匂いでていくのです。

ある日、イエスは弟子たちを前にしていいました。

「あなたがたが見ていることを見る目は、さいわいである。あなたがたに言っておく。多くの預言者や王たちも、あなたがたの見ていることを見ようとしたが、見ることができず、あなたがたの聞いていることを聞こうとしたが、聞けなかったのである。」

（『ルカ福音書』一〇章二三―二四節）

「南の女王が、今の時代の人々と共にさばきの場に立って、彼らを罪に定めるであろう。なぜなら、彼女はソロモンの知恵を聞くために、地の果《はて》からはるばるきたからである。しかし見よ、ソロモンにまさる者がここにいる。」

（『ルカ福音書』一一章三一節）

ドッドが指摘しているように、このまさる者と訳されている原文のギリシャ語のプレイオンというのは中性の形容詞であって、したがって人間イエスをさしているのではないことは明らかです。賢王ソロモンよりまさるものとは、たしかに預言者や王たちが見たいと願って見られなかったものであり、それはイエスにすでに到来していた神の国であったといえます。

しかし神の国は、先程のイエスの言葉（『ルカ福音書』一七章二〇節）にあったように、そこにある、ここにある、といえるようなものではありません。すなわち、神の国は、永遠の生命は、私たちがその外に立って眺めることのできるようなものではなく、私たち自身が決してその外に立つことのできない、私たちをも生きとし生けるものをも、すべて包みこんで流れゆく根源の大生命の流れともいえましょう。

「天国は、畑に隠してある宝のようなものである。人がそれを見つけると隠しておき、喜びのあまり、行って持ち物をみな売りはらい、そしてその畑を買うのである。

また天国は、良い真珠を捜している商人のようなものである。高価な真珠一個を見いだすと、行って持ち物をみな売りはらい、そしてこれを買うのである。」

（『マタイ福音書』一三章四四―四六節）

この『マタイ福音書』の神の国のたとえは、神の国、天の国、永遠の生命というものが、いかに私たちの生活にとってたいせつなものであるかをイエスが示したものといえます。

神から溢れでた永遠の生命の流れは、イエスの全生命、全存在を充たしていました。「人がその友のために自分の命を捨てること、これよりも大きな愛はない」（『ヨハネ福音書』一五章一三節）ことを説き、みずから人々の悲しみと孤独とを共に生き（『ロマ書』一二章一五節参照）、十字架上で亡くなったそのイエスの復活によって（後述、122頁以下参照）、このアッバなる神からの永遠の生命は、私たちひとりびとりの存在と生命とを包んで流れ始めたのでした。

この永遠の生命の流れに己れを委ねきって、力一杯生きぬくところに、真の人間の完成とよろこびと愛による連帯が生まれてくるのです。

このキリストの生命を生きる体験とよろこびは、パウロの書簡のいたるところに溢れていますが、私たちはこの初代教会の信仰宣言《ケリグマ》を考えてみるまえに、いますこし、神の国、永遠の生命というもののすがたを掘り下げてみたいと思います。

この神の国、永遠の生命に関するイエスの教えや、天地創造というキリスト教の教義を誤解せず正しく理解するためには、どうしても東洋に伝統的な無の考え方を理解することがきわめて有益であると私は思います。

〝火は火を焼かず、水は水を流さず〟という古言があります。火はものを焼くという性質を持っているものであり、ものを焼かない火というものはありません。ものを焼かなければ、それは火が火たる根本のものを失っていることになり、もはやそれは火とはいえないでしょう。しかし、火が火を焼きつくしてしまうということはありません。もし火が薪を灰にしてしまうように、火が火自身を焼いてしまったとしたら、薪が灰になるように火は火ではないものになってしまってもう火ではないでしょう。したがって火が火であるためには、他のものは焼くけれども自分自身は焼かないということが必要なわけです。いいかえれば、焼くということが、火が火であるゆえんであるとすれば、火が火であるのは、火ではない――すなわち自分自身を焼かない――ということによって初めてそうであるということになります。火は火ではない何か――といっても、もちろんものではありませんが――によって火であるといえると思います。

この火の例は比較的わかりやすいわけですが、これは火とか水とかに限らず、およそすべてのものについていえることです。花は花ではない何かによって初めて花であり、木は木ではない何かによって初めて木なのです。私もまた私ではない何かによって私であるわけです。私の根底といっても此岸《しがん》といってもよいと思うのですが、この私の根底ないしは此岸によって――私の此岸は私ではありません――私は初めて私でありうるということになるのです。

鈴木大拙が、〝Aが真にAであるのは、Aが即ち非Aであるからである〟という般若心経の論理を即非の論理と名づけ、およそ〝AがAであるということの根拠には、Aは即非Aであるということが存する〟ということをいっているのは、このことを指しているのではないかと思います。

梅の木が梅の木であり、私が私であるのは、梅の木でも私でもない、ガラーンとした無限定なスッカラカンによってであり、このガラーンとしたスッカラカンは決して主体にたいする対象として、人間の知性や概念によってとらえられるものではありません。それは私の此岸にあるとも脚下にあるともいえるもので、古来から東洋の人々が〝無〟とよんできたものでした。

この〝無〟は、目でも見えず、知性によって概念でとらえられるものでもありませんから、無我となってそれを行じ体験していく以外には仕方のないものといえます。

『荘子』の内篇第二に斉物論篇という一篇があります。この中に出てくる地籟《ちらい》・天籟《てんらい》のたとえは、私たちがこのガラーンとしたスッカラカンの無というものを、いくぶんでも理解するのに役立つように思います。南郭子綦《なんかくしき》という人が、その弟子の子游《しゆう》という人に地籟、すなわち地の奏でる音楽と、天籟について次のように説明する場面があります。

「大地の吐く息を、名づけて風という。この風が起こっていないときは、何事もないけれども、ひとたび起これば、地上のすべての穴が怒りの声を発する。お前も、あの大風のひゅうひゅうというなり声を聞いたことがあるであろう。風にざわめき立つ山林のうち、百抱えもある大木には、無数の洞穴《ほらあな》がある（中略）そよ風が吹けば、穴もこれにやさしく答え、疾風《はやて》が吹けば、穴も大声で答える。やがて激しい風が通りすぎると、すべての洞穴は、ひっそり静まりかえる。そのあとには、ただ木々の枝が、音もなくゆらぎ、ひらひらとするのを見るだろう。」

子游がいった。

「お教えにより、地籟とは無数の洞穴がたてる音のことであり、人籟《じんらい》とは笛などの楽器の音であることを知りました。それでは天籟とは何か、おたずねしたいと思います。」

すると子綦は答えた。

「それはほかでもない。さまざまの異なったものを吹いて、それぞれに特有の音を自己のうちから起こさせるもの、それが天籟である。万物が発するさまざまな音は、万物がみずから選びとったものにほかならない。とするならば、真の怒号の声を発しているのは、はたして何ものだということになるのであろうか。」

（『荘子I』森三樹三郎訳、中央公論新社、二〇〇一年、24—26頁）

風が樹木やいろいろな形をした洞穴にふきつけるとさまざまな音がうまれます。これを荘子は地籟といっているわけですが、よく考えてみれば、洞穴に風が吹かなければ洞穴は音をだすことはありません。風はそれ自身は、目に見えず耳に聞こえなくても、洞穴からその形に応じてさまざまな音をうみだすことができます。それと同じように、およそ私たち人間の喜怒哀楽の叫びも、動物の鳴き声も、すべて万物は目に見えず、姿もない何かによって、それぞれの生命を奏でているのではないか、と荘子はいっているのだと思います。

地籟の風によってさまざまな音をだす種々の形の洞穴が、風がやめば深い静寂にもどってしまうように、生きとし生けるものすべて、ガラーンとしてスッカラカンの無という天籟の風がなくなれば、それぞれの生命の調べを奏でることをやめてしまうことになるのでしょう。

荘子の影響をうけていたと考えられる芭蕉が、有名な『奥の細道』の冒頭を、

「月日は百代《はくたい》の過客《かかく》にして、行きかふ年も又旅人なり。（中略）予もいづれの年よりか、片雲の風にさそはれて、漂泊の思ひやまず……」

というふうに始めているのも、またしばしば〝風雲の情〟とか〝心匠の風雲〟とかいうのも、風に単なる風だけではなく、それ以上の天籟の風を想っていたからなのでしょう。

時宗の創始者、捨聖《すてひじり》といわれた一遍《いっぺん》上人も〝身命を山野に捨て、居住を風雲にまかせ〟としるしています。

『ヨハネ福音書』には次のようなイエスの言葉がのっています。

「肉から生れる者は肉であり、霊から生れる者は霊である。あなたがたは新しく生れなければならないと、わたしが言ったからとて、不思議に思うには及ばない。風は思いのままに吹く。あなたはその音を聞くが、それがどこからきて、どこへ行くかは知らない。霊から生れる者もみな、それと同じである。」

（『ヨハネ福音書』三章六—八節）

ここで、日本語の訳では風と霊と別々に違って訳されている原語は、同じ一つのプネウマというギリシャ語です。これはヘブライ語の場合もそうですが、霊と風とが同じ単語であるということは、『荘子』の天籟を思いだしてみれば、たいへんに興味深いことだと思います。

もう二十年近くも前のことになります。

梅がかすかにほころび始めた早春のある日、私は京都嵯峨野の大覚寺を訪れたことがありました。

大覚寺の傍の大沢の池のほとりは、ほころびかける梅の匂いに、しのびよる春の足音を感じさせていました。早春の光が池の面に楽しげに乱舞し、二組三組の若い男女が手をとりながら池のほとりを歩いていました。その幸福そうな後姿をほほえましいような気持で見送っていたとき、突然私の心は、生命というものへの一種の戦慄にも似た不思議な感動でとらえられたのでした。

この幸福そうなカップルも、いつか目を見合わせながら微笑し、楽しそうに洋食をたべあい、そして互いに愛を告白しあうのでしょう。そして暖かな家庭をつくり、子供を育て、そしていつしか自分たちも間違いなく老いと死を迎えてゆくのでしょう。何千年何万年という時の大河のゆったりとした、しかし確実な流れのうちで、何千回、何万回と浮かんでは消える泡のようにこの同じ生の営みが繰り返されてきたのです。しかしそのとき、それ以上に私をとらえていたものは、こうやってぼんやりとそんなことを考えながら池の面を見つめているこの私の生命というものの不思議さでした。

それは初夏のひざしが青葉の上にキラキラとおどっていた日だったかもしれません。あるいはめずらしく降り続いた雨に、若葉が鮮やかにその色をうきあがらせていた日であったかもしれません。今の私はすでに亡き父母に問うすべを持ちませんし、父母にきいたとておそらくおぼえていないでしょう。

ただたしかなことは、私の父と母とがお互いの愛を確認し求め合ったとき、それまで存在しなかったこの私というものの生命が存在しはじめたのだということです。それはもちろん私の意志でもなく、また厳密には父母の意志ともいえないでしょう。そこには、なにかもっと大きな不思議な力が働いていたのだとしか私には考えようがありません。父の精子の一つが、母の胎内で卵子と出会ったのだと説明されたところで、それはこの私がいまここに生きているという厳粛なおどろきと不思議さを、私にとっては少しも解明してくれることにはなりませんでした。

たしかに、中学に入って、赤ちゃんがどのようにしてどこから生まれてくるのかと知ったときにも、私にはある驚きがありました。しかしそれは私にとっては起こりうべからざることが突如として起こったという驚きに似ていました。しかし、私自身の生命の誕生ということは、それとは少し違っていました。それは、なにかもっと大きな不思議な力の働きによって、全身がとらえられたような感動だったのです。大きな生命の流れが、ゆったりと私をのせて流れてゆくような思いでした。

般若心経のなかに、有名な色即是空《しきそくぜくう》、空即是色《くうそくぜしき》という言葉があります。色《しき》というのは形のある物質のことです。桜も柳もみな色です。しかし先にも述べたように、桜が桜であり、柳が柳であるためには、それ自体桜でもなく柳でもない、空としか他には呼びようにない何かが、桜であり柳であるということにすでに表裏一体となっていなければなりません。それはちょうど、一枚の紙には必ず表と裏があり、裏のない表だけとか、表のない裏だけとかいうことが決してないのと同じであって、裏があって初めて表は表として成り立つのであり、表があって初めて裏は裏として成り立つわけなのです。

また別の見方をすれば、もし色即是空ということがなければ、桜の花はいつまでも永久に桜の花であるはずであって、春の訪れとともに満開になった桜の花が、春風に散ってやがて土となってしまうわけはありません。イエスの語ったたとえにあるように、一粒のほんの小さなからし種から、その枝に鳥が来て巣を作るような木が芽ばえてくるわけはありませんし（『マルコ福音書』四章三〇—三二節参照）、またその同じからし種の木が、冬空にその枯れた姿をふるわせることもないでしょう。また反対に空即是色ということがなければ、桜の花は単に一つの幻影でしかなくなり、真の意味で桜の花であるとはいえなくなってしまいます。

たしか作者は小笠原長生であったと思いますが、

舎利子見よ　空即是色　花ざかり

という句があります。舎利子というのは釈迦の弟子の中でも知恵第一といわれていた人の名前ですが、この一句は、空がただ何もないというようなものではなく、真に花と表裏一体をなしているものであることを、たいへんよくあらわしている句であると思います。

唐木順三氏のすぐれた数多くの著作が示しているように、考えてみれば、日本の精神史は、絶えずこの主観と客観との対立以前の、いわば無とか空とかしか名づけられないようなこのガラーンとした大生命の流れを求め続けてきていたような気がします。

しらずしてイエスの説いた神の国、天の国、永遠の生命を求め続けてきていたといっては私の言いすぎでしょうか。

しかし、イエスに捕えられ、福音書のイエスなしに生きることはもはや考えられなくなってしまっているような私であり、どうせ死ぬのならイエスが踏んだそのイスラエルの土地の上で死んでみたいなどと夢見る私でありながら、しかも同時に、大和の古寺風物はもちろんのこと、一遍も芭蕉も良寛もたまらないほど好きな私にとっては、この二つの世界は決して別々のものではなく、私の心の奥底においてがっちりと一つにかみ合っているのです。日本文化の流れが無意識のうちに神の国を求め続けてきていたのだなどと言えば、あるいはこじつけのようにうつるかもしれませんが、しかしこれは私自身の生の体験に根ざした、ギリギリのところからうまれてきているのです。

　このガラーンとした無限定な無を、ある西欧の実存主義者たちが考えるように、単に無の深淵としての虚無としてではなく、まさに光あるものとして、われわれを真に生かす大生命としてわれわれに体験せしめるところにイエスの教えの意味がこめられているのであり、それが従来キリスト教が啓示という言葉であらわしてきたことの意味であると思います。

　先程、『ヨハネ福音書』三章を引用したところでギリシャ語のプネウマという言葉とは風という意味と霊という意味と両方の意味があるといいました。しかしこのプネウマには更に息という意味があります。

　今一個の風鈴《ふうりん》が美しい音をたてているとします。私たちはその美しい音を聞いただけでは、この風鈴が風（プネウマ）で美しい音をたてているのか、あるいはだれかが息（プネウマ）を吹いていて、それで美しい音を立てているのかはわかりません。ただ物理的に空気がそこで移動していて、それによって風鈴が美しく音をたてているのだということがわかるだけです。〝ぼくが息を吹いていて風鈴をならしているんだ〟とだれかがいえば、そこで初めてこれは風によるものでなくて、その人の息によって風鈴が音をたてているのだということがわかるでしょう。

　人間の能力だけではわからないことを、神の側から人間に示してくれること、この場合でいえば、〝ぼくが息を吹いていて風鈴をならしているんだ〟という意志表示、それをキリスト教は伝統的に啓示という言葉で表現してきたのだと思います。

〝片雲の風にさそはれて漂泊の思ひやまず〟と芭蕉がいうとき、その風（プネウマ）はもちろん、物理的な意味での風であると同時に霊の風でもあったでしょう。しかしその私たちひとりびとりの生命を根底から支えている、主―客を超えたガラーンとしたスッカラカンの何かが、プネウマではあっても、単に見えない風というのではなくて、神の息―プネウマ（聖霊）―であり神の力であるということを、どうしたら私たちが体験し知ることができるかを示すところにイエスの教えの意味があり、それを可能にさせるところにイエスの生涯の意味があったと思います。

そしてイエスの教えによれば、私たちが幼子の心、童心に立ち返って、神をアッバとして信頼してゆくところに、このスッカラカンを単なる風や無としてではなくて、神の力、神の国として体験しうる秘訣があります。

もちろんここで注意しなければならないことは、神の国は無であるといって、無だの神の国だのというものを定義し概念化しているということではまったくないということです。

繰り返し述べたように、神は決して対象化できるものでもなく概念化できるものでもありません。神は対象を区切るレッテルとしての言葉ではいいあらわすことはできません。幼児が父親にむかってアッバと呼ぶとき、このアッバという言葉は言葉にはちがいありませんが、木とか岩とか山とかいうような対象を区切るレッテルとしての言葉であるよりは、嬉しいとか悲しいとか痛いとかいう体験の叫びとしての言葉にはるかに近い要素をもっているといえます。それは父親がだれであるかということをあらわしている言葉、すなわち父親を他の対象と区切る役割を演じている言葉ではなくて、父親の腕に安らかにいだかれている幼児の父親との愛と信頼の一致の体験をより多く表現している言葉であるといえましょう。

およそ体験というものは、それを体験している自己の体験であると同時に、体験されている他者についての体験であるという性格を持っています。

イエスが神をこのアッバという言葉で呼んだとき、それは単に対象を区切るレッテルをはりつけたものではなくて、愛によって己れを支え己れを生かすものとの一致の体験をあらわしたのであり、それは、それなしには自分がもはや自分ではない根源的な何かへの深い呼びかけの叫びであったといえます。

二十世紀のデカルト主義者をもって任じていたポール・ヴァレリーは、〝人は万物の尺度である〟というギリシャの哲学者プロタゴラスの言葉は本質的に地中海的な性格を有している、といっています。一度地中海、特にエーゲ海を船でわたったことのある人は、あの澄んだ明るい空と海の色を忘れることはできないでしょう。四方を陸で囲まれている地中海は昔から重要な商業の交通路であって、決して人間を巨大な力で圧倒し恐怖させるような自然ではありませんでした。それと同時に、地中海の石をひろってきて机の上に置いておいたら道ばたの石と同じようになってしまったことに驚嘆した和辻哲郎が指摘したように、地中海は、日本の近海のように人間にさまざまな海の幸をあたえてこれを養ってくれる母なる海でもまたありませんでした。あくまでもそれは人間が利用しうる通路であり、計り知れない無限の広さというものはそこには見出されませんでした。

人間が万物の尺度であり、すべての対象は人間が理性をもって計量しとらえることができるのだというこの地中海的な性格が、やがてヨーロッパの精神というものを形づくるのにたいへんに大きな貢献をしたということがいえると思います。

未知の世界を探険し、区切りのない無限定な世界に人間理性によって区切りをつけ、それが何であるかを問い、言葉というレッテルをはり、やがて壮大な概念の王国を築きあげること、それがギリシャ人の最大の関心でありまた業績でもありました。そしてこの精神は近代のデカルトにカントにひきつがれ、また自然科学をうみ、近代技術、資本主義の自由競争とあいまって、現代世界に決定的な影響を及ぼしたのでした。十八世紀のジェームズ・ワットの蒸気機関の改良・完成以来、人類のエネルギーの使用技術は考えられない程の急激な進歩を示し、先年アメリカが発射した人工衛星アポロ十一号の発射時の馬力数は実に一億六千万馬力もあるといわれています。しかし、あまりにも急速な技術の進歩は、一面花々しい宇宙開発と生活の便宜化をうんだ反面、公害問題や資源の欠乏といったようなこの上ない重大な危機と課題とを人類に負わせることになってしまったのでした。

未知の世界を知性と力をもって探求し、整理し、征服することがギリシャ、ヨーロッパ文化の特質であるとすれば、いわば未知の山の彼方の世界をどこまでも追い求めるそういう精神にたいして、今私たちの足もとに流れてきている川の源をたずねて川をさかのぼっていこうとする源への郷愁に似たものが日本文化の特質であるといえるのではないかと思います。

人間と自然と神々がまだ無自覚のうちに渾然一体をなしていた記紀万葉の世界から、次第に人間と自然との分離の自覚がうまれ始め、それは古今集の時代からこのかた、主体―客体の分離以前の、言葉や概念を超えた根源なるものへの憧憬となって日本の精神史の底流をなしてきたように思えます。

梅原猛氏の「日本の美意識の感情的構造」というすぐれた論文にせっして、私がいまさらながら気づかされ驚かされたことは、たしかに氏の指摘どおり、日本人の美意識を長いあいだ規定してきたものは古今調美意識ともいえる黄昏《たそがれ》の美意識であり、その感情は哀しみという感情一色で彩られているということでした。古今集には別離や哀傷の歌は多いけれども、再会の喜びや人の誕生をことほぐ歌はほとんどないという指摘はともかく、一九六〇年代の流行歌においても依然として別れや哀傷をテーマとした、涙、泣く、流れる、散るなどが主要な美的言語となっているということをいわれたとき、流行歌の好きな私は思わず自分の心の故郷をしらされた思いがしたのでした。

そういわれてみれば、いわゆる古賀メロディーも、山田耕筰の作曲でよくしられている「赤とんぼ」も、先年流行した「知床旅情」も「わたしの城下町」も、そしてさらには、「此処はお国を何百里　離れて遠き満州の　赤い夕陽に照らされて　友は野末の石の下」で始まる軍歌「戦友」に至るまで、何と鮮やかに古今調の哀愁の美意識につらぬかれていることでしょうか。流行歌ならともかく、兵隊が銃をかついで行軍するときの、もっとも勇壮なるべき軍歌までが哀しみの美意識を根底としているということに、私は日本人の感情の底にひろがる深淵をのぞきみる思いがします。

この古今調の哀しみの美意識は、記紀万葉の時代においては未だ生じていなかった主体―客体の分離の意識が次第に目覚めてくると同時に、根源的な何かから切り離された流浪の意識としてうまれてきたとは言えないでしょうか。そしてその切り離されたという分離・流浪《るろう》の意識というものをいま一度克服して、自己転換をとおして、根源的な何かとの一体の体験を獲得したのが、鎌倉仏教の偉大な開祖たちであり、また後に〝物皆自得〟を言い、〝造化に従いて造化に帰る〟ことを唱えた芭蕉であり、さらには越後の良寛というような人たちであったといえるのではないでしょうか。

学生時代から良寛にこの上ない魅力を感じていた私は、二十年ほどまえ、ようやく越後の出雲崎と良寛隠棲の地である国上山の五合庵を訪ねる機会を得ることができました。人ひとりいない初春の国上山中腹に、まだかなり残っていた雪が、めずらしくからりと晴れた青空のもとで、良寛の心境を語るかのように日の光にきらきらと輝いていました。五合庵といわれる良寛の庵は、老杉に囲まれた山の中腹にあり、小さな前庭からは、はるか下になだらかに流れる信濃川や、ひろびろと広がる越後平野を一望のもとに見渡すことができました。ときどき聞こえてくる鳥の声が、いっそうあたりの静寂を深めるなかで、ぼんやりと青空に浮かぶ白い雲を眺めながら、私は何度か好きな良寛の詩を口ずさんでみました。

静夜　草庵の裏《うら》
独り奏す　没絃《もつげん》の琴《きん》
調《しらべ》は風雲に入りて絶え
声は流水に和して深し
洋々　渓谷に盈《み》ち
颯々《さつさつ》　山林を度《わた》る
耳聾の漢に非ざるよりは
誰か聞かん希声の音

昼と夜のちがいはあっても、この詩を口ずさんでいるうちに、良寛の胸中の琴を共鳴させた宇宙を貫く大自然の生命のリズムに、いつもつまらぬ人々の毀誉褒貶《きよほうへん》に動かされている私の胸中の琴も、いつしか静かに鳴り始めるのではないかという感動すらおぼえたのでした。

裏を見せ　表を見せて　散る紅葉

この句は、良寛の辞世の句といわれていますが、この句などは、もはや良寛がつくったというよりも、良寛の胸琴を吹きぬけていった根源的な生命の微風が、おのずからに歌いあげたものだったといえるのではないでしょうか。

プネウマ（風）によってひらひらと散ってゆく紅葉は、決して己れにこだわってプネウマ（風）にさからおうとしません。裏を見せ表を見せ、プネウマ（風）にすべてを任せきって散ってゆきます。私は裏はどうしても見せたくない、表を見せて散るんだ、そういってプネウマ（風）にさからったら、紅葉はみにくく裂けて飛び散ってしまうことでしょう。散ってゆく紅葉には、プネウマ（風）に任せきった屈託のない自然の美しさがあります。良寛の生涯もまた、散ってゆく紅葉のように、目に見えないプネウマ（霊）に己れを委ねきった人生だったのでしょう。

イエスがいうように、人の命もまた目に見えない、対象化できないプネウマ（霊）によって生まれ、支えられている命であれば、己れにこだわってプネウマ（霊）の息吹きにさからってみても、そこには焦燥と不安と不和の人生しかうまれてはこないでしょう。プネウマ（霊）の大きな流れに己れを任せきった、自然な自由なすがすがしい人の命にふれえたとき、私たちはその命の奥に秘められたプネウマ（息）の流れに気づくことができるのでしょう。

私たち生きとし生けるものをそれぞれの場において支え生かしている根源的な何か、これをイエスは、神の国（神の国、天の国、生命、永遠の生命は、すでに述べたように同じ意味に使われるといえます。84頁参照）とかプネウマとかいう言葉で呼んだのでした。

プネウマと神の国の微妙な違いは、ちょうど磁力と磁場にたとえることができるでしょう。磁力が働けばそこに磁場ができるように、プネウマが働いてそこに神の国という一つの場ができると考えてよいと思います。

人間の側から、いわばこちら側からは、体験的に無という言葉でしかいいあらわしえない、概念化も対象化もできないこの根源的な何かが、神の側から、いわばあちら側からイエスを通して明白に啓示されたというのがキリスト教信仰の核心であるといえます。

第六章　キリストの生命体《からだ》

新約聖書のなかには、パウロがコリントの教会にあててしるした二通の書簡がのっていますが、その最初の方の手紙の一二章に〝キリストの体〟と普通に呼ばれている次のような一節があります。

実際、からだは一つの肢体だけではなく、多くのものからできている。もし足が、わたしは手ではないから、からだに属していないと言っても、それで、からだに属さないわけではない。また、もし耳が、わたしは目ではないから、からだに属していないと言っても、それで、からだに属さないわけではない。もしからだ全体が目だとすれば、どこで聞くのか。もし、からだ全体が耳だとすれば、どこでかぐのか。そこで神は御旨のままに、肢体をそれぞれ、からだに備えられたのである。もし、すべてのものが一つの肢体なら、どこにからだがあるのか。ところが実際、肢体は多くあるが、からだは一つなのである。目は手にむかって、「おまえはいらない」とは言えず、また頭は足にむかって、「おまえはいらない」とも言えない。そうではなく、むしろ、からだのうちで他よりも弱く見える肢体が、かえって必要なのであり、からだのうちで、他よりも見劣りがすると思えるところに、ものを着せていっそう見よくする。麗《うるわ》しくない部分はいっそう麗しくするが、麗しい部分はそうする必要がない。神は劣っている部分をいっそう見よくして、からだに調和をお与えになったのである。それは、からだの中に分裂がなく、それぞれの肢体が互にいたわり合うためなのである。もし一つの肢体が悩めば、ほかの肢体もみな共に悩み、一つの肢体が尊ばれると、ほかの肢体もみな共に喜ぶ。あなたがたはキリストのからだであり、ひとりびとりはその肢体である。

（『コリント第一書』一二章一四―二七節）

このパウロの手紙はきわめて素朴なものですが、しかし深い生命というものへの洞察がこの短い文章の中にうかがえると思います。

ある人が死んでしまったということは、ある意味ではこれ以上明白なことはなく、そう聞いた人はだれでもすぐその意味を理解することができます。しかし死んだというけれど、いったい何が死んだのかということをよくよくつきつめて考えていくと、だんだんわからなくなってきて、問題はそう簡単ではないということに気づきます。

中谷宇吉郎は、その著『科学の方法』のなかで、この問題点を興味深く指摘し、展開しています。人間の身体は多数の細胞からできているわけですが、その細胞がみんな死んでしまったということがその人が死んだということであるなら、話はきわめてはっきりしているといわなければなりません。しかし人は生きていても、散髪をしたり爪を切ったり、ときには歯を抜いたりもしているのですから、細胞の一部はいつも死んでいるわけです。風呂に入ればあかがでますが、あかは死んだ細胞です。人が生きているということは、細胞の集まりが生きているということですが、その細胞の一部はつねに死んでいます。その意味では、変ないい方ですが、人はいつも部分的には死につつあるのだということになります。それは一部だから問題にするにたりないので、人が死ぬというのは全細胞が死んだときだということになれば、子供のある人は決して死なないという変なことになってしまいます。この場合に、人のからだを構成している大部分の細胞が死んで、たかだか精子や卵子が生き残っただけではその部分は少ないから問題にならないなどとはいえません。本質的にいえば量の大小で生命の本質をきめるわけにはいきません。人の身体をつくっている細胞の何割までが死んだときにその人が死んだことにする、などというのもおかしなことです。

最近は医学の技術が著しく進歩し、臓器移植ということがさかんにいわれるようになりました。死んだ人のまだ生きているある臓器を取り出して、その臓器がすでにおかされてしまっている他の人へ移植するという手術です。人の死に方によっては、その人が死んでも、その人の腎臓なり心臓なり眼球なりはまだ生きているわけですから、その人のその臓器を取り出して生きている他の人に移植しようというわけです。ということは、ある人が死んだということと、その人の身体の各臓器が死んだということとは当然別なことだということになります。そうすると、その人が死んだということは何がいったい死んだのかということになってきます。

実際にはありえないことですが、いまもしかりに、ある人がその人の持っているすべての器官をそれぞれ多くの人の身体に移植したとして、その人の全器官がそれぞれ別の人の体内で生き続けたとしたら、その人は生き続けているのだろうかと考えれば、やっぱりその人は死んだといわざるをえないでしょう。

また人間の細胞は、大脳のごく一部を除けば、何年かすれば一応全部入れ替わってしまうといわれています。生まれたばかりの赤ちゃんの持っていた細胞は六十歳になった人の身体のどこにも残ってはいないというわけです。そうすれば細胞のほとんど全部がみんな新しくなってしまったのだから違った人になってしまったのかといえばそうではなく、同じ赤ちゃんから六十歳になったといわざるをえません。しかし、どうしてそういうことがいえるのでしょうか。何が変らないから、その赤ちゃんが六十歳の老人になったといえるのでしょう。

中谷宇吉郎は、ハックスレーのあげたホヤについてのおもしろい例を引用しています。

ホヤは脊椎動物と無脊椎動物との中間に位するような動物で、その意味ではいろんな器官などもそなえていて、動物としてはかなり高級の部に属するといえるそうです。その仲間にクラベリナーという動物がいるのですが、これは動きはしませんが、胃も心臓も神経の球もあり、えらで水を吸いとって呼吸をしています。このクラベリナーを水槽の中で飼って、しばらく水を変えないでおくと、だんだん退化しちぢこまっていって、しまいには内臓のいろいろな器官もなくなってしまい、原形質のかたまりのようになってしまいます。しかしそれにもう一度新しい水をやってみると、その原形質のかたまりのようになったものがまたどんどん回復してきて、ちぢんだものがいま一度伸びてきて、いろいろな内臓器官をもったクラベリナーになってゆくというのです。そしていちばん不思議でおもしろいことは、前のクラベリナーと後のクラベリナーは、ちぢんだものが伸びただけですから同じクラベリナーのはずなのですが、えらの数とか大きさとか構造とかが前とは違ってしまっているのです。この場合に前のクラベリナーは死んで新しいクラベリナーが生まれたのか、それとも前のクラベリナーが違ったクラベリナーになったのか、そのへんはむずかしい問題でよくわからないというのです。

　この難問題は、結局のところ、ものとか本体とかいう考え方の立場を場とか根底とかの考え方の立場にまで掘り下げて行くことにしか解決の道を見出せないように私には思われます。そのためには私たちは、言葉というものの持つ価値と虚構性とを、いま一度よく考えてみる必要があると思います。

　すでに述べたように、言葉というものは、もともと無限定な実在に、私たちが適当に区切りをつけて、それにはりつけたレッテルのようなものですから、本来私たちが自分の意志や考えや願いを他人に伝達するためのものであって、この伝達ということに言葉はその本来の価値と意味とを持っているのだと考えられます。それは星座につけた名前を考えればすぐわかることで、星の区切り方というものはまったく人為的であって、伝達の必要のためにそうしたのです。その意味では、動作なども広い意味の言葉であって、お腹をおさえて道ばたにかがみこんでいるという動作は、他人に〝お腹が痛い〟ということを伝達し訴えている言葉であるといえましょう。

しかしこの伝達の道具である言葉を、私たちはしばしば誤ってものの本体を示すものだと思いこんでしまいます。無限定なものに適当に区切りをつけるといっても、まったくでたらめにやっているわけではなく、それには私たちの理性や感情の構造のなかにも、あるいはその無限定な流動するもののなかにもある程度の根拠はあるのかもしれません。しかし普通に考えるように、言葉に対応する本体というようなものが、私や他のものと独立してあるわけではありません。今もしかりに犬や猫の水晶体を通して世界を見ることができたとしたら、いま私たちが見ている世界とはまったく違った世界が見えるにちがいありません。しかし私たちは一般に、犬という言葉があると、子犬のときからだんだんと成長して大きくなってゆくその現象の背後に、いつもかわらない犬という独立の本体なり実体なりというものがあると思いこんでしまいます。しかし実際には独立した犬などという本体や実体があるのではなく、すべての存在は、その根底の場において持ちつ持たれつの感応依存の関係において成立しているのであり、その根底の場に感応依存し、またお互いにその場において感応依存し合うことによってはじめてものとして私たちに知覚されるのです。

子供のころよく砂場から砂鉄をひろってきて遊んだことがあります。紙の上に砂鉄をおいて下から磁石を近づけて動かすと、紙の上で砂鉄がいろいろと変化するのがおもしろかったからです。これは磁石を紙をとおして近づけると、一粒一粒の砂鉄が、磁石による磁場の働きによって小さな磁石片となるためといわれます。紙の上から砂鉄を眺めていますと紙の下の磁石が見えませんので、なんだか自然に砂鉄がいろいろの模様に動いていくように見えてたいへん不思議に思われておもしろかったわけですが、これは見えない磁場の働きによるものですから、いったん磁石を遠ざけてしまえばもう砂鉄は動きません。したがって、磁石片となった砂鉄が磁石片であるためには、地場の働きのなかにあること、すなわち磁場の働きに感応していることとがどうしても必要なわけです。それと似たようなことが、先程問題にした生命ということについてもいえるように思います。

一つの生命体が生命体として成立しているためには、その生命体を形づくっている各器官や各部分がバラバラであってはならないわけで、各器官各部分がみな「生命―場」という場の中にあり、その場の働きに感応していることが必要だということがわかります。それで初めて、私の身体の一部である心臓や腎臓は私の心臓であり私の腎臓であるといえるわけで、私の身体から取り出されて化学液の中で生かされている心臓や、他の人に移植されてしまった腎臓は、もはや生きてはいても私の心臓、私の腎臓ということはできないと思います。反対に他人から私の身体に移植された内臓器官は、拒否反応をのりこえて私の身体の「生命―場」に感応することに成功した地点においては、それはもう私の内臓だということができましょう。

一つの生命体が死ぬということは、その生命体の各要素――心臓や腎臓などの各器官もそれぞれの細胞からなる生命体ともいえるわけですが――と「生命―場」との間の感応依存の関係が消失してしまうことであると考えられます。磁場を遠ざけてしまえば、それぞれの磁石片と磁場との間の感応依存の関係は消失し、磁石片は単なる砂鉄にもどってしまうように、「生命―場」と各器官との間の感応依存の関係が消失すれば、たとえ各器官は生きていても私の生命は死んだということになるでしょう。そして各器官相互の間も、私の「生命―場」と感応依存することにより互いに感応依存の関係にあったわけですから、「生命―場」と各器官の間の感応依存の関係が消失することによって各器官はまったくバラバラになってしまい、やがてそれぞれの生命を別々に終えてゆくことになりましょう。

〝器官は多くありますが身体は一つなのです〟という先程引用したパウロの言葉のように、多くの器官は「生命―場」との感応依存の関係において、身体と「一即多、多即一」という構造をつくりあげているわけですが、しかしこのことは一つの生命体についてだけではなく、生命体とそれを取り囲む環境との間にもいえることがわかります。

ファーブルの『昆虫記』を読むと、だれしもまず昆虫の持つ本能の精巧さと自然の営みの不思議さに目を見張らずにはいられません。しかしこれは当然といえば当然のことともいえるのです。

澤瀉久敬《おもだかひさゆき》氏は、生物と環境について、その著『医学概論』のうちでたいへん興味深い発言をしています。

私たちはふつう一個の生物がまずこちら側におり、まったく独立した別個の環境があちら側にあり、その生物が環境に適応してゆくという具合に生物と環境とを別々に独立したものと考えるので、両者の微妙な適応の具合に驚きの目を見張ります。しかし澤瀉氏によれば、生物と環境とはもともと不可分な一つのものだというのです。たとえば私たち人間をとりまく無数の環境のうちから空気一つを例にとってみても、私たちが生きてゆくためには、空気中の酸素と炭酸ガスの分圧は一定でなければなりませんし、これが極端に変れば私たちは死んでしまいます。そして生命体そのものも、ある程度は適応しうる範囲においてその分圧に応じて変ってゆきます。高地においては、血液も赤血球をつくる骨髄も、その構造を変えてゆきます。イギリスの生物学者ホールデンが〝生命とは生体の内部的関係を包含するばかりでなく、生体と環境との関係をも包含している〟といったのは、その点もっともなことだと思われるわけです。

さらに他方では、地球のある発展段階で生命が発生してきたという事実もこれを認めなければなりませんから、この二つの事実から澤瀉氏は、初めには生物でもなく環境でもない、ただあるとしかいいようのないものが存在していたといわざるをえないと結論しています。そしてこの、あるとしかいいようのない混沌は、たんなる混沌ではなくて、内に生命への方向と働きとをもっている混沌であって、それがある時点になって生物としての自己をあらわしてくるというのです。生物が生物となるとき環境ははじめて環境となるわけで、その点、ドイツの生理学者ユキュスキュールが、生物と環境の関係を、切り抜かれた紙の形がその空白にぴったりと合うのにたとえたのは、まことにもっともなたとえだといわなければならないでしょう。

この澤瀉氏のいう、生物発生以前のただあるとしかいいようのない何かは、生物と環境がまだ未分化なときの何かですから、環境のようにこれを対象化して考えることは私たちにはできません。ユキュスキュールのたとえでいえば、切り抜く前のもとの紙は、切り抜かれた紙の部分すなわち生物である私たちをもそのなかに包みこんでいるからです。そしてこの紙が、切り抜かれた部分を切り抜かれる以前にすでに己れのうちに萌芽の形でもっているということは、とりもなおさず宇宙全体が生命的であるということであり、永遠の生命―場において成り立っているものであるということにほかなりません。

旧約聖書『創世記』にある神の天地創造の物語は、もちろん学問的にこれを受けとるべきものではありません。神は、私たちが向かいあっている環境のように、対象化しうるものではありません。この物語は、神が、それがなければ私たちの存在が存在として成り立ちえない主―客の構造を超えた根源的な原事実であることを、絵画的な表現を使ってその時代の人々に説明したものであることはいうをまちません。

使徒パウロは、ギリシャの都アテネのアレオパゴスの丘の上での説教で次のように述べています。

「この世界と、その中にある万物とを造った神は、天地の主であるのだから、手で造った宮などにはお住みにならない。また、何か不足でもしておるかのように、人の手によって仕えられる必要もない。神は、すべての人々に命と息と万物とを与え、また、ひとりの人から、あらゆる民族を造り出して、地の全面に住まわせ、それぞれに時代を区分し、国土の境界を定めて下さったのである。（中略）われわれは神のうちに生き、動き、存在しているからである。（中略）このように、われわれは神の子孫なのであるから、神たる者を、人間の技巧や空想で金や銀や石などに彫り付けたものと同じと、見なすべきではない。」

（『使徒行伝』一七章二四―二九節）

ここで生物と環境とはもともと一体のものであるという考えに立てば、神が宇宙を創造したということは、神がまず環境をつくりそこに別個に生物を創って置いたなどということではさらさらなく、生物から独立した環境というものが存在しない以上、生物と環境に分化する以前のただ混沌としてあるとしかいいようのない生命的な何かが創られたのだといわなければなりません。

創るというと私たちは直ちに芸術家がある芸術作品を創造するというようなことを考えますが、芸術作品が芸術家がいなくなっても存在し続けるのにたいして、神の創造の場合は、創られたものが創造者である神がいなくなっても存在し続けるというようなものではありません。創られたものが創ったものの外にあるというような主―客対立の世界で神の創造を考えることはできません。言葉というものが主―客分離・対立の世界からしかうまれてこない以上、表現としては空間的・絵画的表現をとらざるをえないとしても、私たちはその絵画的・戯画的表現を超えた奥の原事実を身をもって把握する必要があります。

磁石を遠ざけると磁場の中にあった鉄片は磁石片ではなくなり、お互いの感応依存の関係は消失しますが、しかしバラバラな鉄片としては存在し続けています。しかし神の創造という場合、事柄はまったく別であって、磁石の例でいえば、磁石を遠ざけると単に磁石片でなくなるだけではなくて、鉄片の存在そのものが虚無に帰してしまうというようなケースとしてとらえなければなりません。

神によって創られた生命的な何かは、それ自身のうちにより独立した個体へと向かってゆく生命化の働きを持っていて、それはもちろん無としてしかとらえないような永遠の生命―場そのものではありませんが、しかし永遠の生命―場において創られたものであり、その場の働きによってはじめて、個体化されていったそれぞれの生物、環境が感応依存の関係において「一即多、多即一」の感応依存体として成り立ってゆくのです。もしだれかが永遠の生命―場との感応依存の関係を失ったとすれば、彼は幹から切り取られた枝のようなもので（『ヨハネ福音書』一五章参照）、やがて自分の存在をも失ってゆくでしょう。

地獄というものをもし考えるとするならば、この感応依存の関係を失って孤立してしまい、愛というものがもはや永遠に回復不能なまでに失われてしまった状態であるといえましょう。

この自然と人間、生物と環境、主体と客体、わたしとあなたの此岸、根底にあって、それぞれを一つの感応依存体として成り立たせてゆく力こそ、聖書においては聖霊とよばれているものなのであり、それが成り立っている場がイエスの説いた神の国であり、永遠の生命、天国にほかなりません。

『ヨハネ福音書』の冒頭の句は、句読点のおき方によって――ギリシャ語原文には章も節も句読点もありません――読み方がちがってくる句なのですが、この句は〝生命は人の光であった〟（『ヨハネ福音書』一章四節）と読むことができます。同じ『ヨハネ福音書』の三章三六節の〝御子を信じる者は永遠の生命をもつ。御子に従わない者は、生命にあずかることがない……〟という句によって、私たちはヨハネにとっては生命と永遠の生命とは同じ意味に使われていることがわかります。

したがってヨハネがロゴスというギリシャ語で表現したものは、先に述べた〝永遠の生命―場〟というものをあちらがわから可能にしている何かであるといえます。

三位《さんみ》一体というのはキリスト教の伝統的教義に属するものですが、三位一体の秘義というのは、父と子（ロゴス）と聖霊とが永遠の生命―場において感応依存の関係にあり、三にして一、一にして三であるということにほかなりません。

いまこれらのことをふまえて、『ヨハネ福音書』一章一四節にのっている有名な、しかし難解な次の個所について考えてみたいと思います。

> そして言《ことば》〈ロゴス〉は肉体となり、わたしたちのうちに宿った。わたしたちはその栄光を見た。それは父のひとり子としての栄光であって、めぐみとまこととに満ちていた。

『ヨハネ福音書』の冒頭のロゴスという言葉の使い方には、旧約聖書の知恵文学と呼ばれているカテゴリーに属する書物と、アレクサンドリアのフィロン等によって代表されるヘレニズム・ユダヤ教の影響があると考えられていますが、それだけでは理解しつくせないものをこの一節は含んでいるようです。

ロゴスが人となった、というこの秘義を、伝統的にキリスト教では托身の秘義とよんでいます。すなわちイエスの場合は、私たち人間をも含めふつうの生きとし生けるもののように、ただ永遠の生命―場に感応依存するだけではなくて、永遠の生命に完全に支配されてしまい、それを可能にするロゴス自体がイエスのうちに突入してきたのだと理解されなければなりません。磁石の比喩でいえば、ふつうの鉄片は磁石が遠ざかればまたもとの鉄片にもどってしまうわけですが、それがあまりにも完全に磁化されてしまったため、永久的に磁石そのものになってしまったケースであるといえましょう。

したがってキリスト教信仰にとっては、イエスの生涯と死は決して他の人の生涯と死とはくらべられない決定的な意味と重みを持っていなければなりません。イエスの死は、ペテロの十字架の死とも、ソクラテスの毒盃をあおいだ死とも、また弘法大師などの死とも決定的なちがいを持つものでなければなりません。

先年私がある女子大で講演をたのまれたときのことでした。話のあと一人の学生が私に向かって烈しく詰めよって言いました。

――いま世界には不正義が充満しています。権力者は弱者をいじめ、大国は我がもの顔にふるまっています。今も戦火のなかで死んでいる人もいます。世界人口の三分の一は食べすぎて毎日やせようと努力しているのに、残りの人たちのうちには飢餓にひんしている人々もいるのです。このような時に、自分一人のしあわせとかよろこびとか、そのような個人主義は私にはたまらなく不愉快ですし、またゆるせないような気がします。まず私たちはその不正義をなおすために立ち上がるべきです――

――あなたの言われることはもっともです。しかし、あなたの言われていることと私の言おうとしたこととは、矛盾していることではないのではないですか、健康に気をつけねばならないということが、人に親切にすべきだということと矛盾しないように。ほんとうの意味で人に親切ができるためには人はまず健康でなければならない、ということを私は言いたかったのですよ――そう口まででかかった言葉を抑えて私はだまっていました。

後で詳しく述べるように、私は人間に真のよろこびとしあわせをもたらすものは、イエスがアガペー（愛）と呼んだ心の姿勢であると思っています。人間存在の在り方がまさにそういうふうにつくられているからです。

そして愛と正義とは、二つ共に必要な、無関係ではありませんが、しかしながら違った秩序に属するものだと思います。それはどちらがどちらかに代りうるというような性質のものではありません。

ちょうど癌センターで癌治癒の研究に日夜日を送っている人も必要ならば、実際に癌にかかって苦しんでいる人を介抱してやる人も必要だというのに似ています。そんな一時的な気晴らしをやったところで病人がなおるわけではない、もっと根本的な問題に目を向けなければ、といって、皆が癌センターにつきっきりになったとしたら、苦しんでいる病人の世話をする人はいなくなってしまうでしょう。たしかに病人につきそってどんなに親切にしても、癌はなおらないでしょう。しかし現実に苦しんでいる病人のいるうちは、癌の根本的撲滅のため働くのもたいせつですが、しかし病人の看護もまた必要なことでしょう。社会の悲惨にたいしても、同じことがいえると思います。たしかに社会の不正はできるかぎり是正されなければなりません。

それと取り組む人々が必要です。しかし、その間にも、今隣りには孤独に苦しんでいる老人がいるのかもしれませんし、親を亡くしてしまった児もいるのかもしれません。

そして人間が弱いものである以上、正義や愛をおこなうためには、まず自分が健康であることとさえ、あるいは同じようにたいせつなことだといえましょう。

それにもかかわらず、私が彼女の前でだまったのは、そのとき、まず自分の生活のいい加減さと醜さとが、ちょうど砂だらけのシジミを汁と一緒に口のなかにほうりこんでしまったようなにがにがしい思いを伴って、私の心を通りすぎていったからでした。そしてそれを追いかけるかのように、「友のために自分の命を捨てること、これよりも大きな愛はない」（『ヨハネ福音書』一五章一三節）と言われ、泥まみれの姿で、皆から見棄てられ死んでいったみじめなイエスの十字架の姿が私の心をよぎったからでした。

人間は結局どんなことをしても人間を救うことなんかできやしないんだ、救いは神からだけ来るものなんだ、――そう自分に言いきかせながら、やはりなんとなくあの善《よ》きサマリア人《びと》のたとえ話にでてくる（『ルカ福音書』一〇章三〇―三七節参照）ユダヤ教の祭司やレビ人のように、傷つき倒れている人々の横を毎日通りすぎてしまっている自分ではないか、という思いに私は苦しめられていました。

私には忘れられないある思い出がありました。

もう二十数年もまえになります。歩けばミシミシと音をたてる、醤油と赤ん坊のおむつの匂いがしみついているような薄暗い階段をあがって、私はひとりぼっちの老婆のもとを訪れたことがあります。秋も終りに近く、木枯らしが冷たく裸になった木々の梢を吹きぬけてゆく夕暮れでした。

電灯もつけずに、雑然としたアパートの一室で、お婆さんは何もせずに一人でボンヤリと坐っておられました。足もろくにきかなくなり、目や耳も少しずつ不自由になっていくわびしさが、その小さな部屋いっぱいに漂っていました。嫁との関係、息子の仕事と、ポツリポツリと話をされるお婆さんの話を聞き終って席を立とうとした私に、哀願するような目つきで彼女は言ったのでした。

〝私は夜中にふと目をさましたときなど、全身が凍りついてしまうような淋《さび》しさに苦しめられるんです。人生を生き抜くということはほんとうにたいへんなことなんですね。どうぞ立派なかたがただけではなく貧乏な孤独な私たちをも忘れないようにしてくださいね〟。

淋しいんです、もう少しいてくれませんか、心の中でそう訴えているお婆さんのまなざしを背中に感じながら、ほんとうはもっといてあげればいいんだと心の中では思いながら、友達と一杯やる約束を思い出して私は外にでました。やせこけた犬が一匹、木枯らしの吹きぬける路ばたで夢中に残飯をあさっていたのを、今でもはっきりと覚えています。

友達と一杯やりながら、お婆さんの言葉を忘れようと夢中で盃をかたむけたものの、しかし彼女の言葉ははりついたように私の耳から消えませんでした。

老人の孤独は、なんとまた淋しく厳しいものなのでしょう。

神から頂いた生命であり、独《ひと》りで生まれて来た人生であるかぎり、それを全部お返ししなければ神の懐へはもどれないということは頭でわかっていても、視力、聴力、歩く力、口をきく力とだんだんに持っているものをお返ししていく過程は、私たち人間にとって何と厳しいものなのでしょう。

その厳しい現実を前にして、私たちはその老人の孤独を慰めるすべすら持っていないのです。淋しがる老人の手を握っていても、老人の孤独は、多少やわらげられはしても、そんなもので決して解消するものではないでしょう。もしそうだとしても、だれがいったい四六時中、孤独を訴える老人の手を握っていてあげられる人がいるでしょうか。

迫ってくる死と暗黒への生理的恐怖――怖いとか淋しいとかいう本能的感情は、食べる力が残っているうちはやっぱりあるように思えます――をだれとも分かちあえるすべもなく、老人は独り耐え、独り死を迎えていかなければなりません。

しかも老人が、いや私たち自身がこの世から一人でひっそりと立ち去るその厳粛な時にも、近所のカラーテレビからは相変らず華やかな若い女性歌手の歌声が聞こえていることでしょう。葬式の後でも世間は何ら変ることなく、ストリップショーには人が集まり、バーでは客がホステスとたわむれていることでしょう。

金持にも貧乏人にも、世間の称賛と拍手を浴びて生きた人にも、下積みに苦しみ端《あえ》ぎぬいた人にも、まったく平等に訪れてくる死と孤独とは、私たちの人生にとって、いったいどういう意味をもっているものなのでしょう。

だれでも、深い浅いの差はあっても、この問題が胸に問いかけられたことのない人はいないのではないでしょうか。

大学生活の最後の年、夏ももう終りに近づいたある夕暮れのことでした。庭を歩いていた私は、ふと足もとに、瀕死の蟬にむらがりよっている蟻たちをみつけたのでした。蟬はまだ少しは力が残っていたのでしょう、最後の力をふりしぼっては地面の上で羽をばたつかせ、むらがってくる蟻を払いのけようと努力しているのでした。バタバタと苦しまぎれにあばれる蟬に、一時は少したじろいだかに見えた蟻も、蟬が力つきるや、またも足から頭から蟬にはいのぼるのでした。蟬の力は次第に弱ってゆき、蟬の上にむらがる蟻の数は次第にその数を増していくのでした。そしてやがて力つきた蟬の上には、羽といわず胴といわず頭といわず、真黒な蟻の塊が無慈悲にうごめいているのでした。

日はようやく西に傾き始め、私の黒い影法師も、だんだんとその姿を地上にのばしてゆきました。

瀕死の蟬の姿をかわいそうに思いながら、しかしそれにもまして真黒にむらがる蟻の塊にある無気味なこわさを感じて手をだせなかった私も、今にも蟻にくい破られてゆく一匹のはかない蟬のいのちのあわれさに耐えかねて、思い切って蟻を払いのけてやろうと蟬を手のひらにとりあげました。と、そのときまでほとんど死んだように見えていた蟬は、バタバタと最後の力をふりしぼってあがき、そのいいしれない怖さに私は思わず蟬を手から放りだしてしまったのでした。

手にはいあがった数匹の蟻をふりはらってふと私が目を蟬にやったときは、すでに蟬はそのはかない生命を終えていたようでした。

せめて死の間際にある蟬から、蟻の一匹でも払いのけてやることができたらと願ってやった私の行為だったのに、なんともいえない空《むな》しさと淋しさが残ったような気持で、一人私は夕暮れの淡い静けさのうちにもう輝き始めた星を眺めていました。

翌朝、私は昨日蟬が死んだ場所にいってみました。そこには蟬の死骸も、あれほどむらがり集まっていた蟻たちもみえず、不思議な大地の静けさが朝の光のもとで秋の訪れをつげているかのようでした。

少しずつ崩壊してゆく己れの肉体を見つめながら、たった一人で不安と寂寥のうちに死を迎えてゆく老人を前にして、あるいは愛する妻と子供を残して死んでゆかなければならない若い男性の癌病棟でのうちすがるようなまなざしに接して、さらには男性にだまされて大きなお腹をかかえて何日も死を決意して山路をさまよった若い女性の苦しみと絶望の訴えをきいて、人から尊敬され気丈な人生を送ってきた老人が、放心したように手でつかんだ自分の汚物を眺めている姿に茫然として、所詮人間は人間に何もしてあげることができないのだろうかと思い悩んだとき、少しずつ、なぜイエスが十字架で侮辱と血まみれのうちに一人亡くなったのかが私にもわかるような気がしてきたのでした。

私は自分が可愛い、私には愛がない、しかしもし今ここに真の愛を生きた人がいたとしたならば……、そして真の愛というものが、共に喜び共に泣き（『ロマ書』一二章一五節）、そして遂には死にゆく者とその弱さ、みじめさ、苦悩を分かちあい、共に死んでいくことであるならば……、真の完全な愛だけが人々の心のもっとも奥に秘められた心の扉を開いて、その人々の心のうちに神の愛を招きよせることのできるものであるならば……。

完全に神の愛にとらえられていたイエスが、あのみすぼらしい死を引き受けたことに、何か深い深い意味があったように思われてくるのでした。

彼にはわれわれの見るべき姿がなく、威厳もなく、
われわれの慕うべき美しさもない。

彼は侮られて人に捨てられ、
悲しみの人で、病を知っていた。
また顔をおおって忌みきらわれる者のように、
彼は侮られた。われわれも彼を尊ばなかった。

まことに彼はわれわれの病を負い、
われわれの悲しみをになった。

（『イザヤ書』五三章二―四節）

〝ヤーヴェの僕《しもべ》〟と普通に呼ばれているこの『イザヤ書』の個所が、イスラエル民族をさすのか、ある別

の預言者をさすのか、イエスをさすのかなどという学者間の議論は、私にとってはどうでもよいことでした。ただこの個所は、なぜか私の心に深く沈澱してゆくようでした。

キリストという言葉はもともと、ギリシャ語で油をそそがれた者、救い主というような意味で、ヘブライ語ではメシアといいます。

〝復活したキリスト〟という課題は、一見どんなに荒唐無稽に見えようとも、初代教会から現代に至るまでのキリスト教信仰の中心的な課題であったということを否定することはできません。

初代教会の使徒たちは、自分たちこそ復活したキリストの証人なのだということを繰り返し人々に訴えています。

「わたしたちの先祖の神は、あなたがたが木にかけて殺したイエスをよみがえらせ、そして、イスラエルを悔い改めさせてこれに罪のゆるしを与えるために、このイエスを導き手とし救主《すくいぬし》として、ご自身の右に上げられたのである。わたしたちはこれらの事の証人である。神がご自身に従う者に賜わった聖霊もまた、その証人である。」

（『使徒行伝』五章三〇―三二節）

またパウロの次の言葉も、いかにパウロの信仰にとって、キリストの復活ということが大きな位置を占めているかを示しているといえます。

もしキリストがよみがえらなかったとしたら、わたしたちの宣教はむなしく、あなたがたの信仰もまたむなしい。

（『コリント第一書』一五章一四節）

ここで私たちは、神がイエスを復活させ、イエスが復活のキリストとなったということの意味を考えてみなければなりません。まず私たちが知らなければならないことは、イエスの復活そのものは歴史的事実ではない、歴史的次元に属しているものではないということです。

イエスが神によってよみがえらされたということは、死人が棺の中からのこのことでてきたというような怪談や幽霊話ではありません。また息のなかった人がたまたま息をふき返して墓からでてきたなどという蘇生ということとは根本的にちがいます。ただそれだけならば、生きかえった人間は当然また死ぬことになるでしょうが、復活したキリストはもはや死ぬことはなく永遠の生命に入っているわけです。復活したキリストは私たちと同じような身体を持っているわけではなく、パウロは復活した身体は霊の身体であるという表現を使っています（『コリント第一書』一五章四四節参照）。

キリストの復活はもちろん、復活したキリストも、たとえその場に居合わせた人が8ミリカメラを向けていたとしても、決してそれに映るというような種類のものではないということは、次の聖書の個所によって明らかにわかると思います。

『ルカ福音書』の二四章にはレンブラントの絵でも有名な、次のような〝エマオの旅人〟の話がのっています。

イエスの二人の弟子は、イエスが十字架上で死んでしまったのを見てすっかり力を落とし、自分たちも捕まらないうちに早く故郷にでも帰ろうと思ったのでしょう、もう日が西に傾き始めたシャロンの平野を力なくエマオの村にむかって歩いていました。そこへイエスが近づいて彼らと一緒に同じ道を歩んでゆきました。そして彼らがお互いに話し合っていることは何のことですかと二人にきいたのですが、二人にはこの旅人がイエスであることがわかりませんでした。エマオの村について、イエスが食卓でパンをさいたとき、はじめて彼らはこの旅人が実はイエスであることをさとったのでした。

『ルカ福音書』は、彼らの目が開かれ、イエスだとわかった、と記しています。この目というのは肉眼ではなく、心の眼、信仰の眼であることは明らかでしょう。

また『ヨハネ福音書』の二〇章には、十二人の弟子たちが戸をしめて集まっていたところにイエスが顕現したという記事がのっています。そこには戸が閉じられていたが、イエスが来て、彼らの中に立って、とはっきりと記されているところから明らかなように、復活したイエスの身体は、私たちの身体のように、空間にある一定の容積をしめる物質ではないことは明らかだと思います。〝見られる〟〝顕現する〟と訳されている原文のギリシャ語は、ウォフテーという言葉で、これは聖書学者レオンデュフールによれば、ただばくぜんと、現われる、見えるという意味ではなく、ここでは、神が積極的にキリストを示すというニュアンスが含まれているといわれています。

最後にこの点に関した決定的なポイントを与えてくれるのは、次のパウロの言葉だと思います。この『コリント第一書』のパウロの言葉は、おそらくパウロ以前から初代教会に伝えられていた信仰宣言《ケリグマ》のもっとも古い形ではないかといわれています。

わたしが最も大事なこととしてあなたがたに伝えたのは、わたし自身も受けたことであった。すなわちキリストが、聖書に書いてあるとおり、わたしたちの罪のために死んだこと、そして葬られたこと、聖書に書いてあるとおり、三日目によみがえったこと、ケパに現れ、次に、十二人に現れたことである。（中略）そして最後に、いわば、月足らずに生れたようなわたしにも現れたのである。実際わたしは、神の教会を迫害したのであるから、使徒たちの中でいちばん小さい者であって、使徒と呼ばれる値うちはない者である。

（『コリント第一書』一五章三―九節）

この最後の言葉で明らかなように、復活したキリストは、十二弟子に現われたようにパウロにも現われました。そしてこのキリストのパウロへの出現は、ダマスコ門外でのパウロの回心の時のことをさしているのに違いありません。

> サウロは、なおも主の弟子たちに対する脅迫、殺害の息をはずませながら、大祭司のところに行って、ダマスコの諸会堂あての添書を求めた。それは、この道の者を見つけ次第、男女の別なく縛りあげて、エルサレムにひっぱって来るためであった。ところが、道を急いでダマスコの近くにきたとき、突然、天から光がさして、彼をめぐり照《てら》した。彼は地に倒れたが、その時「サウロ、サウロ、なぜわたしを迫害するのか」と呼びかける声を聞いた。（中略）同行者たちは物も言えずに立っていて、声だけは聞えたが、だれも見えなかった。サウロは地から起き上がって目を開いてみたが、何も見えなかった。
>
> （『使徒行伝』九章一―八節）

サウロというのは、ラテン名パウロのユダヤ名ですが、復活したキリストの顕現は、パウロには、他の弟子たちと違って人間イエスの形をとっておらず、ただ強烈な光として顕現したのでした。しかもこの出来事は、他のイエスの顕現とは違って、実にイエスの死後少なくとも三年以上たっておこっているのです。ルカの表現によれば、そのとき、イエスはとっくの昔に昇天してしまっていることになります。

しかしイエスは焼き魚をちゃんとたべたと記されているし（『ルカ福音書』二四章四二―四三節参照）、弟子のトマスはイエスのわきばらの傷に手を入れたのだから（『ヨハネ福音書』二〇章二七節参照）、イエスが生前の通りのイエスだったことは明白だ、という反論を、私は考慮に入れていないわけではありません。ただ、もっともたいせつなことは、イエスが十二人の弟子たちには生前のイエスの姿で顕現したけれども、エマオの弟子たちには普通の一人の旅人の姿として顕現したし、パウロには光として顕現したという点にあると私は思っているのです。

すなわち先程引用した『コリント第一書』一二章の、「あなたがたはキリストのからだであり、ひとりびとりはその肢体である」とか、「生きているのは、もはや、わたしではない。キリストが、わたしのうちに生きておられるのである」という『ガラテヤ書』二章二〇節のパウロの表現でも明白なように、復活したキリストは、それ自体は本来、歴史的なナザレのイエスのように目に見える対象化しうるものではなくて、普通の肉眼には見えず、また対象化することもできないのです。復活のキリストは体験する以外にとらええない原事実です。だからこそ、人によって、復活のキリストとの出会いの体験を、生前のイエスの姿として、旅人の姿として、あるいはまた強烈な光としてあらわしたのです。

私は、弟子たちが復活したキリストに出会ったのは彼らの幻覚であるなどといっているのでは毛頭ありません。たしかに彼らは復活のキリストを体験したのです。その絶対の確信があったからこそ、あの臆病でイエスの十字架を一緒に荷なうこともせず逃げ回っていた弟子たちが、イエスの教えに殉じて死ぬという勇気ある弟子たちに変ったのです。迫害者サウロがキリスト者パウロに変ったのです。ただ復活のキリストが、本来対象化・概念化できない原事実であるため、その体験の絶対性をあらわす場合には種々の表現をとらざるをえないのだといっているわけです。もともと、レオンデュフールがいうように、原始キリスト教団には、復活という言葉のほかに、同じように古くから高挙という言葉も使われていたと考えられます。前者はエルサレム教団で、後者は、広い意味でのガリラヤを発生地とするヘレニズム・キリスト教団で使われていたのではないかと思われるわけですが、いずれにしても、復活という言葉であらわされる原事実を、他の言葉に翻訳説明するということは、それぞれの文化、時代に必要なことであるといわなければなりません。

復活したキリストが、神のもとに挙げられたキリストが、つまらない平凡な私たちの日常生活のうちで、つねに私たちと共にあるということは、復活のキリストが永遠の生命―場になりきって、感応依存の関係において私たちと共にあるということです。ナザレのイエスと復活のキリストは、ブルトマンのいうように、まったく別なものではありません。ナザレのイエスが復活のキリストとなったのです。その両者に共通のものこそ、ナザレのイエスをイエスたらしめ、復活のキリストをキリストたらしめている永遠の生命―場であり、その場を可能にしているロゴスそれ自体にほかなりません。

歴史的にも地理的にも限定され、パレスチナのごく一部の人々としか共にあることができなかったナザレのイエスは、復活のキリストとなることにより、すなわち永遠の生命―場となりきることによって、時間と空間の制約を超えて、生きとし生けるものすべてをそれぞれの場においてそのものたらしめる根源的な場として私たちと共にあることができることになったのです。したがって復活したキリストが、どのような形のもとに顕現し己れを体験せしめるか、生前のイエスか旅人か光かというようなことは、第二次的な問題といわなければなりません。

その意味で、復活のキリストが、無心に咲く花の姿をとおして、朝日に輝く朝露の姿をとおして、またさよならを告げる愛する人の死の床での瞳をとおして、己れを顕現し体験させるということも充分ありうることだと私は考えています。生きとし生けるもの、すべて永遠の生命―場との感応依存の関係にある限り、そこには復活したキリストの働きがあるはずだからです。

パウロは、私たちが肉の身体で蒔かれ、霊の身体でよみがえらされるということをいっています（『コリント第一書』一五章四二―四四節参照）。これも、私たちが現在のような、一定の容積をしめている、つねれば痛いような身体でよみがえるのではないということを、パウロがいおうとしているのだと思います。

よくよく考えてみれば、私たちは人間である以上、人とコミュニケーションするのには身体がなくてはどうにもなりません。コミュニケーションのためには、私たちはどうしても他者へのサイン（合図・しるし）を必要とするわけです――言葉も一つのサインであるといえます――が、サインも身体がなければどうしようもありません。身体とは、コミュニケーションのため、愛の連帯のために人間にとっては不可欠な道具です。したがって身体のよみがえりという初代教会からの信仰内容は、私たちがよみがえる、すなわち、永遠の生命―場に完全に感応しきったときに、私たちは互いに愛によってコミュニケーションされ互いに結ばれているのだということをあらわしていると解すべきでしょう。

いま述べたように、身体をもった人間が何かを伝えようとする場合には、必ずサインを必要としています。高速道路を走っている車がエンストをおこしたとします。なかに乗っている人たちはあわてて飛び出してきて発煙筒をたきます。発煙筒をたいて煙をだすということは、後からくる車にたいして、普通でない状態が起こっているから注意してくれ、というサインを送っていることになります。発煙筒の煙をみた車はそのサインを出している人の意図を了解して、その車線を避けるために車のスピードをおとすというような動作に移るわけです。この発煙筒の例で考えてみれば、サインには三つの要素が含まれていることがわかります。

第一は煙が立ちのぼっているという素朴な事実です。第二は煙が立ちのぼっているというその素朴な事実が示している緊急事態です。第三はこの素朴な事実が何を意味しているかというサインの意味内容です。これはその状況状況によって、またサインを受けとる人の立場によって微妙にちがってくるものです。高速道路でのエンストの例でいえば、ある車には、この車線をよけて通ってくれという意味内容に受けとられるでしょうし、道路パトロールの車には、なんとか助けてほしいという意味内容として了解されるでしょう。同じ発煙筒でも踏切の線路上でたかれていれば、その煙は進行してくる電車に対して急停車せよという意味内容を伝達し、合図していることになります。

このように合図《サイン》の意味内容というのは、それぞれ受ける人の立場、状況によってかなりなニュアンスの違いを持ってくるわけですが、とにかく、サインがサインとして成り立つためには、そのサインによって、すなわち素朴な事実によって指し示されているものが何であるかが、あらかじめサインするものとそれを受けとるものとの間に共通に理解されているということがたいせつです。もし発煙筒というものをまったく知らない人がいたとしたら、このサインはその人には何の意味も持たず、ただ煙がでているなあという素朴な事実を伝えるだけのものになってしまうでしょう。

言葉も一つのサインです。したがって日本語のわからない外国人にむかって日本語で話してみても、相手が日本語を理解できない以上、その日本語はサインとしての性格を失ってしまい、相手にはわけのわからない声としか受けとられません。それと同じように、永遠の生命―場になりきったイエスの教えなしには人間には無としてしか体験し表現しえない永遠の生命といった原事実が、イエスの教えを生きることによって初めて、神のロゴス、神の愛の一つの合図（サイン）として受けとめられるようになるわけです。

山道に咲く一本の花を見ても、都会のこわれたビルのかげの緑の草を見ても、それを美しいと感じるだけではありません。嫉《ねた》みもせずたかぶりもせず、一瞬一瞬に己れのすべての生命を生きているその姿に、永遠の生命の息吹きを感じるだけでもありません。イエスの教えをほんとうに生きるなら、一本の赤いアネモネの花にアッバ（父）なる神の粧いを見たイエスのように（『マタイ福音書』六章二八節）、その花の姿に、生きとし生けるものの姿に、アッバの愛の語りかけを聞きとれるようになるはずです。

この本の始めに、聖書はいかに生きるべきかを教える実践指導の書であるということを記しましたが、その意味ではイエスの教えを伝える新約聖書は、無としか言いあらわしえない原事実が実は神の愛の語りかけ、合図という構造を持つものであることを私たちに気づかせてくれる書であるといえましょう。

すでに何度も私は磁石の比喩を使いました。この比喩は、八木誠一氏が、『キリスト教は信じうるか』という著書の中で使っているものですが、いま一度この比喩で少しイエスの教えの意味をさぐってみたいと思います。

鉄片は磁場と感応依存の関係にあるかぎり、一つ一つが小さな磁石片となり、お互いにも感応依存の関係に入っています。磁場の方向が変れば、それに従って移動します。

いまこの鉄片が理性と意識とを持ったと仮定してみましょう。理性を持っている鉄片はお互いを対象化して見ることもできますし、理性による言葉と概念によってお互いに認識し通じ合うこともできるでしょう。お互いを感応依存の関係に置いている磁場の存在に気づかないかぎり、お互いはそれぞれ独立したものであり、私はあなたともあの花ともそこの木とも独立無関係な一個の存在であると思いこんでしまうでしょう。そして心の奥底に、生きとし生けるものの根底に働いている磁場の働きにふと気づくことはあっても、磁場の存在そのものに気づいていなければ、たぶんそれは生まれつきそのものに備わっている何かぐらいに考えてしまうにちがいありません。いまある鉄片が、ほんとうはみんなバラバラの存在なのではなく、それぞれ磁場に感応依存の関係にあり、したがってこの磁場によってお互いに一つのまとまった感応依存体なのだということに気づき、この磁場をみずから体験しえたとしても、彼は結局のところ、どうしても理性では対象化も客観化も概念化もできないこの磁場を無と名づける以外に、他の鉄片にこの磁場について語りかけることはできないでしょう。

このように、私たちは自分をこの磁場のなかの鉄片の立場においてみるという想像力の働きによって、イエスの教えを、さらにいくぶんかはっきりとつかみうるような気がします。

鉄片にとって磁場がそうであるように、私たち人間の理性にとって、永遠の生命―場というものは対象化・客観化することの絶対にできないものですから、これは無としか名づける以外にありません。そして概念によってこれをとらえることはできず、私たちはただ場の働きに感応していこうとする行為においてしかこれを体験し、とらえることはできません。たとえてみれば、日本語のわからない外国人には、日本語でどんなに愛の言葉をささやかれても、それは単なる声か音でしかありません。しかしひとたびこの外国人が日本語を習得したなら、その単に音の集合体でしかなかったものが実はどんなに深い意味を持つ愛の語りかけの合図であり、自分がそれに対してしかるべき行動を起こさねばならない呼びかけであるかを悟るはずです。

それと同じように、この無としかいいようのない場の構造が実は三位《さんみ》一体的構造を持つものであり、この場の働きかけが、すなわち聖霊による復活したキリストの愛の働きかけであるというのが、イエスの私たちに示した真理だったわけです。

先程、生命体においては、感応依存の関係の場のなかで「一即多、多即一」ということが成り立つということを述べましたが、この三位一体の場合、同じ「一即三、三即一」といっても、それぞれのものが感応依存の関係においてのみはじめてそれぞれのものとして成立しうるという前者の場合と異なり、父も子も聖霊もそれぞれものではないわけですから、そこに前者とは本質的な差のあることは当然といわなければなりません。

人は人であり　草は草であり
松は松であり　椎は椎であり
おのおの栄えあるすがたを見せる。
進歩というような言葉にだまされない。
懸命に　無意識になるほど懸命に

各各自らを生きている
木と草と人と栄えを異にする
木と草は動かず　人間は動く
しかし　うごかぬところへ行くためにうごくのだ
木と草には天国のおもかげがある
もうごかなくてもいいという
その事だけでも天国のおもかげをあらわしているといえる

これは先にも引用した八木重吉の詩ですが、動かないところというのを、永遠の生命―場との感応依存の関係にあるものと解釈すれば、やはりこの詩は木や草の生命の真実をうたいあげたものといえるでしょう。

〝春至って百花誰が為に開く〟という『碧巌録』の言葉があります。

だれかに認められたい、だれかにほめられたい、好きなものを自分一人で持っていたい、そのためには邪魔になるものをなんとか取り除きたい、人にいつもそれで優越感を持っていたい、――いつもこのように数限りない――〝でありたい〟のたいに嵐の中の小舟のように翻弄されている私たちとはちがって、木や草は時が来れば咲き、時が来れば何のためらいもなくもとの大地の静けさにもどってゆきます。だれ一人ほめてくれる者もなくとも、一所懸命に山間の小径でもビルの日陰でも咲いています。何がなければいやだ、それでなければ咲かないなどとふてくされていることもありませんし、次の花がそこから咲きでることにも、また次の花はこれこれでなければいけないなぞと注文をつけることもしません。風の吹くままに己れを委ね切って、一瞬一瞬を一所懸命に無心に咲いています。実にすがすがしい花や木やその他生きとし生けるものの自然の姿のうちには、永遠の生命―場の輝きがにじみ出ているように思います。

第七章　悲愛（アガペー）

よくキリスト教は愛の宗教であるといわれます。しかしこの愛という言葉ほどよく口にされ、しかもさまざまな意味に使われている言葉もめずらしいでしょう。

あなただけはと信じつつ　恋におぼれてしまったの
こころ変りがせつなくて　つのる想いの忍び泣き

先年だいぶヒットした〝女心の唄〟といわれる歌詞の冒頭の一節です。この〝恋におぼれてしまった〟という表現はまことにうまいものだと思うのですが、たしかに恋愛という言葉で表現される種類の愛は、そこにのめりこんでしまうものであり、溺れてしまうものなのだと思います。そのほか母性愛とか、兄弟愛とか、祖国愛とか、それぞれ共通な点はありながら、しかも相当に違った意味内容を持つものにも同じ愛という言葉が使われています。

アメリカの新フロイド派の社会心理学者フロムは、その『愛するということ』という著書のなかで、人間の根源的な欲求のうちでいちばん強いものは孤独からの脱却の欲求ではないかということを述べています。あらゆる時代の、あらゆる文化の人間は、ただ一つの問いに、すなわち、いかにして人間は孤独という牢獄を抜けだし自分だけの個体的な生命を超えて一致の和《やす》らぎを見出すか、という問いの解決に直面させられていたのであり、それにたいするさまざまな答えが人間の歴史であり文化の歴史であるというのです。麻薬もお祭りも性の氾濫も、そしてグループ活動への自己の埋没も、芸術的創造活動も、すべて孤独からの脱却への不完全な解答でしかなく、真の孤独からの脱却はただ愛においてだけ可能であると主張しています。愛は快い感情でもなく本能でもなく、技術（アート）であるというのがフロムの根本的な考えですが、このフロムの結論はさておき、ほんとうの意味における愛だけが、私は私であり、あなたはあなたであり、しかも一つである、という感応依存の関係において、人間をひとりぼっちの悲哀から脱却させ、人間を真に人間たらしめ、お互いを一致させるしあわせを与えるものであるといえます。

どうしてそうなのか、ということを、いまイエスの教えに従って考えてゆきたいと思います。

パウロとヨハネは、イエスの伝えようとした愛を、当時はあまり使われていなかったアガペーというギリシャ語であらわしました（マタイ・マルコ・ルカの福音書には、イエス自身の言葉以外にはほとんど――二個所の例外を除いて――このアガペーという言葉は使われていません）。

紀元前四世紀のアレキサンダー大王の東征以来、ギリシャの文化・思想はひろく東方の世界にひろがってゆきました。これをヘレニズムとよびますが、小アジアにあるタルソという地中海に面した港町で育ったパウロは、生粋のユダヤ人でありながら、しかし深くこのヘレニズム文化の教養を身につけていた人でした。第四福音書、すなわち『ヨハネ福音書』の著者がイエスの弟子であったヨハネであるかどうかについては、聖書学者たちの間には否定の意見が強いようですが、いずれにしても第四福音書の著者が小アジアのギリシャ文化圏と関係の深かったことは否定することができないと思います。

ギリシャ思想のなかでは、愛は普通エロスという言葉で表現されていました。パウロとヨハネは、エロスというギリシャ語が意味している内容は、イエスの説かれた愛の内容とはかなり違ったものであり、イエスの説かれた愛をエロスというギリシャ語で表現することは不適当であるしまた誤解をまねく恐れもあると考えたので、彼らはイエスの教えを表現するのに、あまり使われていなかったアガペーという言葉をあえて使用したのだと思われます。

ギリシャ語のエロスは、いま私たちのいう恋慕とか情熱とかに近いもので、しいて日本語に訳せば情熱愛とでもなるのでしょうか。

有名なギリシャの哲学者プラトンの著作のなかに『饗宴』と題する本があります。この著作は、エロスについて、という副題が示しているとおり、ソクラテスを含めたいろいろな人たちの対話を通して、著者プラトンが自分のエロス論、エロス賛歌を展開するわけですが、そのなかに女預言者ディオティーマの口を借りてたいへんおもしろい話がでてきます。

人間はもともとは頭が二つ、手が四本、足が四本あって、真円《まんまる》い玉のような形をしており、八本の手足をぐるぐる風車のように回して走りまわっていました。ところが人間がだんだん傲慢になり、ゼウスの神に反抗しようとしたので、ゼウスの神が怒り、〝本来なら生意気だから皆殺しにしてしまってもよいのだが、そうすると神々にたいして供物をする者がいなくなっても困るから、生意気にならない程度に弱めた方がよい〟というので、真円の人間を真中から真二つにしてしまいました。したがって一人の人間が、手が二本、足が二本、頭が一つの二人の人間に分けられてしまったわけで、それが男と女とになったというのです。もともと一つのものを二つに切られたものなので、そのおのおのは残りの半分（ハーフ）をどうしても探し求めることになりますが、その探し求める情熱がエロスなのだという話です。

もちろんプラトンのエロスはこの段階にとどまるものではなく、むしろ感覚的な段階を超えて少しずつ精神的な美しさに目覚め、最後にあらゆる美の原型としてのイデアにまで昇っていくという、はかない不完全な人間の持つ、永遠への憧憬を意味しているものなのですが、いかにそれが崇高な情熱であるとしても、やはりエロスには、自分にない価値を追い求めそれを己れのものとしたいという、自己中心的な姿勢があることは否定できないでしょう。

スウェーデンの神学者アンドレア・ニグレンは、『アガペーとエロス』という本のなかで、エロスを自己中心的なもの、アガペーを神と他者中心的なものとしてとらえ、キリストの福音的アガペーのなかにいつのまにかエロスの要素が歴史の流れのうちで混入してしまったと嘆き、エロスを峻《きび》しく糾弾しています。しかし、エロスを全面的に否定するということは、結局は人間自身を否定することになってしまいます。〝神よ、我汝のふところに憩うまで心の平安を得ることなかりき〟といったアウグスティヌスの『告白録』のなかの言葉の示すように、私たちは神を求め美を求め他者を求める場合に、どうしても最初は自分に欠けている価値を追求するというエロスの姿勢から出発せざるをえないはずです。

先年私はある結婚式の招待状を受けとったことがあります。その招待状には、〝二つの孤独な星がある日偶然ばったりと出会って、一つの満たされた大きな星となりました〟と記されていました。まだ若い二人の思いが伝わってくるような微笑《ほほえ》ましい招待状でしたが、孤独の淋しさから他者を求めるということは、きわめて自然なことだと思われます。ただどこまでもそれだけを求めて二人が一緒になった場合、自分の淋しさを充たすことに重点がおかれ、他者を自分の淋しさを満たすためのものか道具として無意識のうちにも考えてしまうおそれがあります。お互いに相手を自分の空虚さを満たすための何かと考えていれば、二人の生活はどうしてもうまく行くはずはないでしょう。人間は親しくなるとついわがままになりがちです。わがままということは、相手の自分に対する欲求を考えてみるまえに、自分の空虚や不満を満たしてもらいたいという自分の欲求を、遠慮なく無闇《むやみ》に高く相手に要求するという姿勢であると思います。どんなに気の合った仲であっても、長く一緒に暮らしてゆくためには、どうしてもわがままを抑えて相手の欲求に自分を合わせてゆくという努力が必要です。恋愛は美しいものですが、恋愛の原理だけでは二人が一生を共に暮らしてゆくには不充分であって、そこにはいま一つ、後で詳しく述べる（142頁以下参照）アガペーの姿勢が必要とされてくるように思います。

たいせつなことは、エロスがエロスとして真に自己を開花させるためには、一度永遠の生命―場による自己転換を通過しなければならないということだと思います。エロスがこの永遠の生命―場によって一度転換され再生され、アガペーにより包まれるということがなく、ただ一方的に自己を拡張し主張するとき、そこには憎しみが生じ葛藤がうまれ、やがてエロス自身も崩壊する運命をたどらなければならないでしょう。

エロスの賛美者は、エロス・情熱が妨害が多ければ多いほど燃え、安定を得れば逆にさめてしまうことをよく知っていました。日本の王朝時代にも、もっともすばらしい恋は〝忍ぶる恋〟であるとされていましたし、ヨーロッパ近代文学においても、社会の習慣や道徳の妨げによって一致に至りえない〝道ならぬ恋〟がどれだけ謳歌されているかに驚かざるをえません。

ルージュモンは、その著『愛について』のなかで、西欧近代文学におけるエロス賛歌の原型を中世の〝トリスタン・イズーの神話物語〟に見出し、エロスを恋愛の原理として、結婚の原理としてのアガペーと峻別しています。

トリスタン・イズー物語は、孤児トリスタンと王妃イズーの恋愛姦通物語です。

トリスタンは誕生後両親を失った不幸な孤児であり、叔父のマルク王にひきとられて育てられます。彼はその地方に来襲してきた強敵を倒して叔父のマルク王の命を救いますが、そのとき自分も不治の傷を受けてしまいます。彼は王のゆるしを得て、ただ竪琴《たてごと》と剣だけを残して、帆もなく舵もない船に傷ついた身を横たえて大海に乗り出してゆきます。この放浪の旅の途中でアイルランドの金髪の王女イズーにめぐり会い、彼女だけが知っている魔法の薬によっていやされ叔父のもとに帰ります。しかし叔父の命令でいま一度妃をさがすための旅にでかけたトリスタンは、再びイズーとめぐり会い、二人で帰国の途につきます。この帰国の船中で二人は、マルク王の妃になるはずのイズーが飲むことになっていた愛の秘薬をうっかり飲んでしまい、それ以後この不思議な薬の力で、二人は決して離れられない運命のもとにおかれてしまいます。イズーが王妃となった後も二人の恋は続き、そのことが家臣たちに露顕し、二人は王によって追放の身の上となってしまいます。ある日、王が二人を追って森まで来たとき、王は二人が並んで森の中で眠っているのを見つけます。二人の間に抜身の剣が置かれているのをみた王は、これを二人の純潔のしるしとみて感激し、そっと自分の剣を代りにおいて立ち去るのですが、イズーは宮廷生活をなつかしんで結局二人は別々に暮らすことになります。トリスタンは別の女性と結婚しますが、イズーを慕うあまりにその女性とは夫婦関係を結ばずに生活をします。最後は重傷を負って死に瀕しているトリスタンを救いにイズーが駆けつけるわけですが、間に合わずにトリスタンは死に、イズーも恋人のなきがらを抱きしめながら息絶える、というのがトリスタン・イズー物語の概略です。

このエロス賛美の物語で注目すべき点は、道ならぬ恋のためにさまざまの迫害を受ける二人は、結局死においてしか結ばれないということと、二人で森の中で寝るときは二人の間に抜身の剣を置いておく、すなわち障害がなくなりそうになれば、情熱愛エロスを燃えたたせるために自分たちで障害を作っているという点でしょう。

ルージュモンによれば、エロスは決して充たされてはならず、絶えず障害と出会いながら、さらに渇きをいやすために求め続けていく情熱です。トリスタンとイズーがめでたく結婚するなどということは、この物語の著者にとってはまったくのナンセンスでしかありません。エロスの炎を燃やし続けるためには、絶えざる渇きが必要なのです。その点、有名なアンドレ・ジイドの『狭き門』の主人公アリサは、一見いかにもキリスト教的な雰囲気のなかにひたっていそうに見えながら、その実、エロスの情熱を充たされない状態におくために修道院のなかに引きこもるという、キリスト教的アガペーならぬエロスの最高の賛美者であるといえましょう。

〝限り無いものへの憧憬〟〝絶えざる渇き〟としてのエロスは、越知保夫《おちやすお》がその著『好色と花』で述べたように、ある意味では、たしかに根源的な何かへの憧憬としての古今調美意識や、それ以後の「数奇《すき》」などについても言えるのであって、その意味で鎌倉仏教の開祖たちの姿勢は、無による自己否定と転換によってつらぬかれているアガペーの姿勢であるともいえましょう。

〝松のことは松に習へ、竹のことは竹に習へ〟といい、〝造化にしたがひ、造化にかへる〟ことを説いた芭蕉も、たしかにある点まで感応依存の世界、無の世界が何たるかを体験していたように私には思われます。それでなければあれだけの深いすぐれた作品を残せるわけはないでしょう。ただ芭蕉はあくまでも俳人であり美の創造者でした。したがってどうしても言葉による美の創造の世界に最後までこだわらざるをえなかった、そこに芭蕉と鎌倉仏教の開祖たちとの決定的なちがいがうまれているのではないかという気がします。

芭蕉の場合、無により、永遠の生命―場により、真に転換され、動かされているという点がたりないように思えます。もちろんどんな高僧聖者でも永遠の生命―場になりきり一体化してしまうということは考えられないことですから、その意味では決定的な差があるかどうかという疑問にもなるわけですが、私はやはりその場の体験の伝達の姿勢という点からみて、やはり両者の間には質的な違いがあることを認めたいと思うのです。

たしかに道元や親鸞の書や文には芸術的にみても素晴らしいものがあります。しかし彼らは美の創造にこだわっていたのではなく、あくまでもそれらは、いかにしてその体験に至ることができるかという指導と配慮を目的としていたものであるか、あるいはその生きることのいわば汗として自然にその人生の歩みの背後に言葉として凝結していったものであり、いずれにしても場による自己転換の体験につらぬかれたものであって、決して単に直接的に美の創造を目指していたものではないことは確かなことだと思います。

〝歌よむは罪にて候か〟と問われた法然[1]が〝あながちにえ候はじ。ただし罪もえ、功徳にもなる〟と答えたといわれていますが、この法然の答えを適当にごまかしたなどと考えてはなりません。ただ歌をよむのは罪かと問われて一概に答えられるような種類のものではなく、その歌をよむという行為に執着しているかどうかという本人の姿勢にかかっている問題だからです。

ギリシャ語には、エロスの他に愛をあらわすフィリアという言葉があります。これは他のものを切り捨てただ一つのはるか彼方のものを追い求めるエロスの情熱愛とはちがって、もっと他者に対しても開かれた、友愛とでも訳すべき言葉だと思います。

プラトンの弟子であり、ギリシャ思想を大成したといわれるアリストテレスは、真に人間に特有の愛としてこのフィリア友愛をたいへん高く評価しています。フィリアはお互いに共通の価値を追求する人たちが、友人にとっての善を、自分のためではなくその友人のために願うというような関係であり、したがってお互いの間に法律の介在を必要としない善い人間同士の相互関係といえるでしょう。

たしかにアリストテレスが、またストア派の哲学者たちがこのうえなく賛美したこのフィリア友愛は、ま

1　一一三三―一二一二年。浄土宗の開祖。一三歳で比叡山に上り、一五歳で出家する。叡山を降りた後、浄土念仏の教えを説いた。『選択本願念仏集』などを著す。

ことに美しいものだといわざるをえません。しかし深く考えてみれば、フィリアもそれなりに大きな問題をかかえていることに気づきます。

友情による同志の団結は立派なものですが、しかし同時にこの同志が追求している価値を一緒に追求しえないものは、この友情から蹴落とされ脱落者となってゆきます。脱落者となってゆくばかりでなく、同志の人々からはかえって脱落者、裏切り者の烙印をおされて制裁の憂き目にあわなければならないということすらおこってきます。人間はまったく関係ない人にたいしては無関心か無視の態度をとりますが、同志が裏切ったということになると、信頼は憎しみに転じて、断固としてゆるせないといった怒りに燃えあがることが多いのです。一九七二年日本中を驚かせた浅間山荘事件の連合赤軍の妙義山リンチや、ある大学でおこった運動部員の制裁致死事件などは、こういった心理からうまれてきたものといえるでしょう。

また私はこういった話を間接的にですが聞いたことがあります。

第二次大戦が終ってからも、なおゲリラ部隊として、投降せずに戦っていた旧軍人の話です。もう皆についていけなくなってフラフラと集団から離れて密林のなかをさまよっていたとき、いちばんおそろしかったのは敵に出会うことではなくて同志の人々に見つかることだったという述懐でした。この話を聞いたとき、私はどうしようもないような、人間だれしもが持っている、心の奥にポッカリとあいている原罪の傷口をのぞきみる思いでした。

イエスの愛の教えに真向から対立したパリサイ派の人たちも、お互いに美しい友情と団結をもっていたと考えられます。しかし彼らは、彼らの理想を共に追求しえないだらしない人間、罪人、価値なき者たちにたいしては、これを軽蔑し、心の刃でいつもこれを切り捨てて歩んでいたのでした。またフィリアの集団は、自分たちとちがう価値を追求している別のフィリアの集団にたいしても、血で血を洗うような惨劇すらうみかねないのです。

いずれにしても、エロスもフィリアも共に価値を追求する愛であり、価値のないもの、醜いもの、みじめなものにたいしては見向きもしないという面をもっていました。しかしイエスがもっともたいせつにしたアガペーという愛は、価値のない者、みじめな者、苦しむ者にたいしても、太陽がすべての生きとし生けるものにくまなくその光を降り注ぐように、おもいやりと共苦の手をさしのべる愛でした。

「隣り人を愛し、敵を憎め」と言われていたことは、あなたがたの聞いているところである。しかし、わたしはあなたがたに言う。敵を愛し、迫害する者のために祈れ。こうして、天にいますあなたがたの父の子となるためである。天の父は、悪い者の上にも良い者の上にも、太陽をのぼらせ、正しい者にも正しくない者にも、雨を降らして下さるからである。あなたがたが自分を愛する者を愛したからとて、なんの報いがあろうか。

（『マタイ福音書』五章四三―四六節）

おもいやりと共苦の手をさしのべるといっても、アガペーの愛は決して上から下を見下す憐憫とはちがいます。

英国の有名な作家グレアム・グリーンは、その作品『事件の核心』（伊藤整訳、新潮文庫）のなかで、愛ならぬ憐憫によって、妻ともう一人の女性との二人と関係してしまい、ついには神への冒瀆から自殺へと追いやられてゆく主人公スコウビイの自己崩壊の姿を鮮やかに描きだしています。

「彼が彼女を愛し、憐れみと責任感とが情熱のような激しさにまで高まるのは、彼女が醜く見える、こんなときであった。彼に彼女の方へ行けと命じたのは憐れみの心であった」、「彼女は一瞬間のあいだ彼の目に、皿覆いの下の大肉片《ジョイント》のように見えた。だがその残酷な映像にすぐ続いて、憐れみの気持がやって来てその印象を手荒く押しのけた」、「彼は彼女が人を惹きつけることが出来ないことを哀れに思い、心を痛めた」、「美しい女や、優美な女や、知恵のある女に対しては彼は何らの責任感も抱かなかった」、「彼の真心を動かすのは、日常生活からわざわざ外れてその女を求めようとは誰も思わないような顔、決してひそやかな盗み見を受けることのない顔、やがてすぐ拒絶と冷淡とに慣れてしまう顔であった」といった言葉で鮮やかに描写されているように、義務感と責任感に強く、あわれな妻を幸福にしてやることを己れの義務として誓った警察副署長スコウビイは、やがて「愛という言葉に同じく、軽く用いられてはいる。本当はそれは経験する人の殆どないぐらいの怖ろしい……情熱」である「憐憫」に完全に捕えられ流されて行きます。憐憫という感情自体は、だれしもが自分以下の者に接したときに自己防衛としてもつ感情でしょう。しかしスコウビイのような性格の持主になったとき、この秘かな優越感と裏返しの憐憫の感情には、そのかげにこの上なくおそろしい落し穴が待ちかまえています。やがて彼は、真の意味で人を救い幸福にすることのできるのは神だけであることを、少なくとも単なる人間の力を超えたものの働きなくしてありえないことをふと忘れて、己れを神の立場に置き、神以外できない行為をおかそうとします。

「おお、神よ、私はこの女を見棄てることができません。そしてルイズをも。あなたはこの二人が私を必要とするほど私を必要となさいません。あなたにはあなたを愛するよい人々がいます。聖人たちや、あなたの多くの祝福された人々が。あなたは私がいなくてもやってゆかれます」「おお、神よ、私はあなたに私の永劫処罰という捧げものを捧げます。おとり下さい。それを他のひとびとのためにお用い下さい」。

主人公スコウビイを破滅に導いた憐憫は一つの自己肯定の情熱であって、アガペーのように、永遠の生命―場による真の自己転換が芽生えてくるものではありません。

アガペーの愛は相手と同じ所に立って、無心に〝共に喜び共に泣く〟（『ロマ書』一二章一五節）愛であり、相手の弱さやみじめさを最後的には己れの上に素直に荷なう愛であるといえましょう。もし〝悲〟という字が、本来は人生の苦にたいする呻きを意味し、共に苦しむおもいやりを意味するものであれば、アガペーは悲愛とでも訳すのがいちばんふさわしいと思います。イエスの孤独と苦悩と裏切りに耐えた十字架の死は、まさにこの悲愛のもっとも崇高な姿をあらわしているといえるでしょう。

イエスはまた海べに出て行かれると、多くの人々がみもとに集まってきたので、彼らを教えられた。また途中で、アルパヨの子レビが収税所にすわっているのをごらんになって、「わたしに従ってきなさい」と言われた。すると彼は立ちあがって、イエスに従った。それから彼の家で、食事の席についておられたときのことである。多くの取税人や罪人たちも、イエスや弟子たちと共にその席に着いていた。こんな人たちが大ぜいいて、イエスに従ってきたのである。パリサイ派の律法学者たちは、イエスが罪人や取税人たちと食事を共にしておられるのを見て、弟子たちに言った、「なぜ、彼は取税人や罪人などと食事を共にするのか。」イエスはこれを聞いて言われた、「丈夫な人には医者はいらない。いるのは病人である。わたしが来たのは、義人を招くためではなく、罪人を招くためである。」

（『マルコ福音書』二章一三—一七節）

私たちが福音書を読んでまず気づくことは、イエスのまわりには、当時のユダヤの社会での有名人や金持や学者ではなくて、反対に、軽蔑されている人たち、社会の下積みにされている人たち、貧乏な人たち、病人、女、子供といったような人たちがイエスを慕って集まってきていたという事実です。この点は当時のユダヤ教の教師たちと違って、はっきりとイエスの特徴をあらわしているといえると思います。歴史上のイエスと、原始教団の信仰と宣教の対象である復活したキリストとをもっともラディカルに切り離して、歴史上のナザレのイエスを雲の彼方にまで追いやってしまっている観のある有名なブルトマンでさえ、『史的イエスとキリスト論』という著書のなかで次のように述べています。

イエスの特徴は、悪霊追放、安息日のおきての違反、浄めの規則の侵害、ユダヤ教の律法性に対する攻撃、取税人や娼婦のような下層民との交わり、婦女子への好意である。また、イエスが洗礼者ヨハネのような禁欲主義者でなく、食事とぶどう酒を退けなかったことも認められる。

(飯峯明、橋本滋男訳、理想社、一九六五年、97頁)

このイエスの特徴を当時のユダヤ教の教師《ラビ》たちや、律法学者、パリサイ派の人々とくらべてみるとき、私たちは次第にイエスの生涯を貫いて流れているものがいったい何であったのかを浮き彫りにしてゆくことができるでしょう。そしてつばをかけられ、罵倒され、弟子たちからも見捨てられながらも、しかも十字架の上まで歩んでいったイエスをささえたものが何であったかを理解することができると思います。

当時のユダヤ人の社会で、いちばんみんなから軽蔑され、のけもの扱いにされていた三種類の人々がよく福音書にでてきます。それは取税人と娼婦と重い皮膚病を患っている人とでした。

古代世界では、だいたいどこでも取税人は嫌われていて、キケロも取税人のことを悪く言っていますが、当時のユダヤ人たちは特に取税人たちを嫌い軽蔑していました。厳格で愛国心の強いユダヤ人たちにとっては、ただ神のみが捧物をするのにふさわしい方なのであり、他のだれかに、特にユダヤを植民地としているローマ帝国皇帝に税をおさめるなどということはとんでもないことなのでした。したがってその税金を同胞からとりたてる取税人などというものは、売国奴にもひとしい唾棄すべき人間であったわけで、取税人は、裁判官になることはもちろん、法廷で証人に立つことさえも禁じられていたほどでした。

　この『マルコ福音書』のレビもそういう取税人の一人でした。当時はシリアの都市ダマスコから地中海の港アツコに至る街道があり、その街道がガリラヤ領主ヘロデ・アンティパスの弟フィリッポの領地に属するイツリヤ、テラコニテを経てカファルナウムでヘロデの領土に入っていたことを考えると、たぶんレビはカファルナウムの収税所に坐っていたのではなかったでしょうか。

「わたしに従ってきなさい」というイエスの言葉に喜んでついていったレビは、自分の家にイエスの一行を招待します。しかしそこには、友達の取税人たちや、みんなから罪人と見られていたような素行のよくない人たちが集まっていました。イエスが彼らと一緒に食事をしているのを見て、パリサイ派の律法学者たちが、お前の先生はけしからんではないか、と弟子たちに問い詰めたわけです。

「なぜ、彼は取税人や罪人などと食事を共にするのか」。

弟子たちもこの問いに困って返答に窮していたのでしょう。イエスは自分で出て来て、律法学者たちにあの有名な言葉を口にしたのでした。

「丈夫な人には医者はいらない。いるのは病人である。わたしが来たのは、義人を招くためではなく、罪人を招くためである」。

　このイエスの態度はまことに鮮やかに福音書の中に一貫しています。そしてこの態度がパリサイ派や律法学者の反感をうみ、やがて次第にイエスを十字架の上に追いつめてゆくことになるわけです。

　このイエスの態度とパリサイ派たちの態度とを比較してみたとき、私たちはイエスを動かしているものが何であるかをより明白に知ることができます。

　パリサイ派というのは、もともとの意味は〈分かれたもの〉という意味で、世俗化した神殿の祭司階級と分かれたもの、またアム・ハアレツという名で呼ばれていた、律法を守るのにルーズな一般大衆とも分かれたものという意味であり、紀元前二世紀頃から急激に力を持ち始めた信徒の宗教団体で、律法を神聖視し、律法を厳格に遵守《じゅんしゅ》することをその信条としていました。律法は神聖なものであり、世界の創造の二千年前につくられたものであって、神でさえ律法を学ばれるのだ、というようなある教師《ラビ》の言葉をきけば、パリサイ派にとって律法の遵守がどれだけたいせつなものであったかが想像できると思います。

その毎日の生活は、実に細かい祈りや潔《きよ》めや食事の戒めなどの規則によって規定されており、イエスとの衝突や論争からもわかるように、安息日厳守は果てしない大問題となっていました。

安息日はユダヤ教徒にとっては土曜日で、労働を休んで特に神のために捧げられる日となっていました。パリサイ派の人たちはこの労働を休むということについては、井戸に落ちた動物を引き上げることは違反になるのかならないのか、火の上で食事を温めることはどうなのか、などという細かい煩雑な論議をくり返していたのでした。

しかし、それにもかかわらず、ともあれ一言でいえば、パリサイ派の人たちは信仰のあつい、意志の強い道徳的には立派な人たちであったといえるでしょう。彼らが普通の意味で立派な徳の高い人たちであったからこそ、かれらは取税人や娼婦のようなふしだらな人間をゆるすことができなかったのでした。そのような見下げはてた人たちと友人になり食事を共にするなどということは、彼らにはとうてい考えうべくもないことがらでした。自分たちの身を守るためにも、不浄なもの汚れたものは遠ざけるべきでした。

彼らはたしかに立派でした。しかし彼らには、これしか私には生きられないのだという哀しみを背負って、人生の石だらけの道をとぼとぼと歩んでいる人のやるせなさを思いやる心が欠けていました。人の心をおもいやり、その人の心を自分の心の鏡にうつそうと努めるまえに、まず自分が絶対と考えている掟という尺度で人をはかり審いていたのです。したがって彼らの不浄な人間・罪深い人間にたいする姿勢は、ただ侮辱と審きとでしかなかったのです。

しかし、イエスの姿勢はまったく違いました。
イエスの姿勢は、かくあるべしという規準をもって人を審くまえに、その人が哀しみと孤独のうちに背負って来た痛みを受けとめ、その人の心をそのあるがままの姿において感じとめる姿勢です。
「義人を招くためではなく、罪人を招くためである」という一見逆説的とも聞こえる言葉のなかに、私たちは、あの静かな青磁色の水を湛《たた》えたガリラヤ湖畔で、一人の取税人に向けられたイエスのやさしく澄んだまなざしを汲みとることができるような気がします。

イエスはオリブ山に行かれた。朝早くまた宮にはいられると、人々が皆みもとに集まってきたので、イエスはすわって彼らを教えておられた。すると、律法学者たちやパリサイ人たちが、姦淫をしている時につかまえられた女をひっぱってきて、中に立たせた上、イエスに言った、「先生、この女は姦淫の場でつかまえられました。モーセは律法の中で、こういう女を石で打ち殺せと命じましたが、あなたはどう思いますか。」彼らがそう言ったのは、イエスをためして、訴える口実を得るためであった。しかし、イエスは身をかがめて、指で地面に何か書いておられた。彼らが問い続けるので、イエスは身を起して彼らに言われた、「あなたがたの中で罪のない者が、まずこの女に石を投げつけるがよい。」そしてまた身をかがめて、地面に物を書きつづけられた。これを聞くと、彼らは年寄から始めて、ひとりびとり出て行き、ついに、イエスだけになり、女は中にいたまま残された。そこでイエスは身を起して女に言われた、「女よ、みんなはどこにいるか。あなたを罰する者はなかったのか。」女は言った、「主よ、だれもございません。」イエスは言われた。「わたしもあなたを罰しない。お帰りなさい。今後はもう罪を犯さないように。」

（『ヨハネ福音書』八章一―一一節）

このヨハネの物語は、「朝早く」、「オリブ山」、「律法学者」などの用語から、ヨハネ的ではなく、他の福音書、特にルカの匂いが強いとされ、後で『ヨハネ福音書』に挿入されたものとする聖書学者が多いのですが、いずれにしてもイエスの根本的な姿勢を示しているオーソドックスなものであることに間違いはありません。

ユダの荒野とヨルダン川の彼方、モアブの山々がうっすらと白みはじめ、やがてオリーブ山の上から朝日が神殿の金色の塔とアントニオ城塞をおごそかに浮かびあがらせるころ、それまで闇と沈黙のうちに沈んでいたエルサレムの町にも、ひんやりとした気持のよい朝が訪れてきます。

朝早く、城塞の外で人々に愛（アガペー）の教えを説いておられたイエスの前に、おそらくは姦通の現場を捕えられてしまったのでしょう、寝巻姿の一人の婦人が、手に手に大きな石をもった律法学者やパリサイ人たちに口ぎたなく罵られながら引き立てられてきます。後悔と恥ずかしさと恐怖で、その婦人はおそらくは顔を上げる勇気もなかったでしょう。

殺人、偶像崇拝と並んで、姦通は当時のユダヤの社会では最も重い罪で、律法によれば、姦通した男女はともに死刑に処せられることになっていました。旧約聖書の『レビ記』には次のように記されています。「人の妻と姦淫する者、すなわち隣人の妻と姦淫する者があれば、その姦夫、姦婦は共に必ず殺されなければならない」（『レビ記』二〇章一〇節参照）。したがって彼らはそのモーセの掟によって、彼女に石打ちの刑を科そうと準備していたわけです。石打ちの刑とは、広場で罪人に対して、みんなで石を投げてその人を打ち殺すユダヤ社会の死刑執行の方法でした。しかしそのまえに、彼らはこの良い機会を利用して、イエスをローマ総督ピラトに訴える口実を見つけようとして、その婦人をイエスの前に引き立ててきたのでした。

この婦人をどうしましょうか、モーセの掟に従って殺しましょうか、という質問に、もしイエスが助けてやれと答えるなら、イエスはモーセからの法律を無視する危険思想家であると告げるつもりでしたし、反対にもし殺せと答えるなら、それはローマだけが持っている死刑判決の権限を侵す反ローマ思想の煽動家だと訴えるつもりだったのです。当時ローマは、エルサレムの衆議会に宗教上のすべての権限を委ねていましたが、ただ死刑判決の権限だけは自分たちが留保していたからです。それにつね日頃悲愛（アガペー）の証《あか》し人《びと》であると言われ、罪人や弱者の友であると噂されているイエスのこの冷たい態度は何か、あれはやはり口だけの偽善者だと言いふらすつもりでもあったのでしょう。

羞恥と恐怖でふるえている婦人の方には目を向けず、黙ってイエスは地面に何かを書き続けていました。このイエスの後ろ姿に、私はイエスの全生涯の思いを読みとることのできるような気がします。猛《たけ》り立った群衆の一人でも、業《ごう》をにやして石を投げ始めれば、あとは弱い者いじめの群衆心理で石は次々と飛んで来て、婦人と一緒にイエスも石で打ち殺されるかもしれないような場面でした。罵声にも似た語句の途絶えたとき、イエスは立ち上がって静かな声でいいました。

「あなたがたの中で罪のない者が、まずこの女に石を投げつけるがよい」。

人に石を投げること、これはイエスがもっともきらった行為でした。それは悲愛アガペーにもっとも背くことだったからです。

もちろんイエスは姦通そのものをよしとして認めたわけではありませんでした。「今後はもう罪を犯さないように」、最後に婦人にむかって言ったこのイエスの言葉がそれを示しています。ただイエスには、律法よりも学問よりも政治よりも、もっとたいせつなものがありました。それは悲愛アガペーの心でした。

イエスの悲愛のまなざしは、恐怖と後悔に脅《おび》え震えているこの婦人の涙の中に、何よりもまず、人間の弱さを見、人間の哀しみを感じとっていたのでした。

このイエスの悲愛のまなざしは、福音書の中でも最も感動的で美しい場面の一つである次の話の中にも溢れています。

あるパリサイ人がイエスに、食事を共にしたいと申し出たので、そのパリサイ人の家にはいって食卓に着かれた。するとそのとき、その町で罪の女であったものが、パリサイ人の家で食卓に着いておられることを聞いて、香油が入れてある石膏のつぼを持ってきて、泣きながら、イエスのうしろでその足もとに寄り、まず涙でイエスの足をぬらし、自分の髪の毛でぬぐい、そして、その足に接吻して、香油を塗った。イエスを招いたパリサイ人がそれを見て、心の中で言った、「もしこの人が預言者であるなら、自分にさわっている女がだれだか、どんな女かわかるはずだ。それは罪の女なのだから。」そこでイエスは彼にむかって言われた、「シモン、あなたに言うことがある。」彼は「先生、おっしゃってください」と言った。イエスが言われた、「ある金貸しに金をかりた人がふたりいたが、ひとりは五百デナリ、もうひとりは五十デナリを借りていた。ところが、返すことができなかったので、彼はふたり共ゆるしてやった。このふたりのうちで、どちらが彼を多く愛するだろうか。」シモンが答えて言った、「多くゆるしてもらったほうだと思います。」イエスが言われた、「あなたの判断は正しい。」それから女の方に振り向いて、シモンに言われた、「この女を見ないか。わたしがあなたの家にはいってきた時に、あなたは足を洗う水をくれなかった。ところが、この女は涙でわたしの足をぬらし、髪の毛でふいてくれた。あなたはわたしに接吻をしてくれなかったが、彼女はわたしが家にはいった時から、わたしの足に接吻をしてやまなかった。あなたはわたしの頭に油を塗ってくれなかったが、彼女はわたしの足に香油を塗ってくれた。それであなたに言うが、この女は多く愛したから、その多くの罪はゆるされているのである。少しだけゆるされた者は、少しだけしか愛さない。」そして女に、「あなたの罪はゆるされた」と言われた。すると同席の者たちが心の中で言いはじめた、「罪をゆるすことさえするこの人は、いったい、何者だろう。」しかし、イエスは女にむかって言われた、

「あなたの信仰があなたを救ったのです。安心して行きなさい。」
（『ルカ福音書』七章三六―五〇節）

生活規律の厳しい当時のユダヤの社会のなかで、いつも後ろ指をさされながら、男から男へと渡り歩かなければならない女性の心に秘められた哀しみの涙が、イエスの心の鏡にははっきりと映っていたのでしょう。その澄んだ鏡のようなイエスの心に溢れていた神の愛が、この女性の心にも同じような愛の灯をともしたのでした。

律法と戒律を守ることによって初めて人は救われるのだと主張するユダヤ教の教師《ラビ》たちの律法主義、および自分たちはみんなから〈分かたれた者〉であるとするパリサイ派たちのエリート主義に対して、次の場面には、人間と悲愛とを何よりもたいせつにしたイエスの精神が明らかにうかがわれると思います。

ある安息日に、イエスは麦畑の中をとおって行かれた。そのとき弟子たちが、歩きながら穂をつみはじめた。すると、パリサイ人《びと》たちがイエスに言った、「いったい、彼らはなぜ、安息日にしてはならぬことをするのですか。」そこで彼らに言われた、「あなたがたは、ダビデとその供《とも》の者たちとが食物がなくて飢えたとき、ダビデが何をしたか、読んだことがないのか。すなわち、大祭司アビアタルの時、神の家にはいって、祭司たちのほか食べてはならぬ供《そな》えのパンを、自分も食べ、また供の者たちにも与えたではないか。」また彼らに言われた、「安息日は人のためにあるもので、人が安息日のためにあるのではない。それだから、人の子は、安息日にもまた主なのである。」
（『マルコ福音書』二章二三―二八節）

モーセの十戒の第三戒には、安息日を聖とすべしということがうたわれています。したがって安息日に労働をしてはならないというのは、当時のユダヤの社会においてはもっとも重要な律法の大原則の一つでした。

幾世紀にもわたって、ユダヤ教の教師《ラビ》たちは、律法のこの大原則を個人の生活や状況に細かく適合させては、そこに厖大な規則や規律をつくりあげていたのでした。『マルコ福音書』の七章三節の「パリサイ人をはじめユダヤ人はみな、昔の人の言伝えをかたく守って、念入りに手を洗ってからでないと、食事をしない」という表現に見られる、「昔の人の言伝え」というのは、この厖大な法則や規律をさしていたと思われます。

この厖大な資料は、幾世紀もの間決して記述されることなく、教師《ラビ》たちの口から口へ伝えられていましたが、紀元三世紀の初めごろミシュナーという名で初めて成文化されたのでした。

ミシュナーは六つの篇に分かたれる六十三の項目からなっていましたが、この各項にゲマラとよばれる厖大な註釈をつけたものが、いわゆるタルムードという名で知られているものです。このタルムードには、エルサレム・タルムードとバビロニア・タルムードとの二種類がありますが、このタルムードの巨大さは、それを運ぶのにゆうにトラック一台を必要とするということで想像することができるように思います。

結局モーセの律法は、幾世紀にもわたる学者たちの註解によって限りない法律と規律の集大成となってしまったのでした。私たちはこのミシュナーの一端をのぞき見ることによって、イエスの悲愛と真向から対立していった律法学者やパリサイ人たちの戒律主義と特権主義の姿勢をうかがうことができるでしょう。

ミシュナーには安息日に関する規則が二十四章もあります。そしてある教師《ラビ》は、その一つの章について詳細に研究し、二年半の歳月をかけたといわれていますが、その論理のはこび方は次のような具合になっています。

モーセの十戒には安息日を聖とせよとしるされているわけですが、安息日を聖とするということの中には安息日に仕事をしてはならないという一章が入ってきます。したがって、ここで仕事とは何かという問題が次に起こってきます。仕事がミシュナーでは、三十九のちがった見出しの下に定義されています。その三十九の見出しの一つに、重荷を負うことは仕事であるという定義があります。すると今度はさらに、重荷とは何かという問題になってきて、それについてたくさんの説明がなされます。すなわち一口分の牛乳、傷口にぬるにたる蜂蜜、目の膏薬を取り除くことのできる水の量、生まれて一日目の赤ん坊の足の小指、どんなものでも乾燥いちじく二個と同じほどの重さのものというふうに、規則と定義がえんえんと続いているわけです。そしてラビたちはこの細かい規則を一つ一つ信者の毎日の生活にあてはめてそれを律していたのでした。そしてこの細かい規則を守れない人たちを軽蔑し、のけものにしていたのでした。

　このパリサイ派や、洗礼者ヨハネとくらべて、イエスの姿勢には、戒律を無視しているのではないかと思われるような柔軟さがうかがえます（『マルコ福音書』七章参照）。

　死海西岸の、ちょうど動物の屍体にも似た禿山に次第に夕暮れがせまる頃、エッセネ派と深い関係があったと思われるクムラン修道院の廃墟に立って、見渡すかぎり一木一草とてない荒涼たる荒野の前にどんよりと無気味な無表情さをたたえて横たわる死海を目《ま》のあたりに眺めたなら、だれしも時間がプツンと断ちきられてしまったような静寂の重みというものを感ぜずにはいられないでしょう。そしてユダヤ教の伝統をヘレニズムの影響から守りぬこうと、あの厳しい戒律遵守と禁欲主義に生きぬいたクムランの修道士たちの姿が、その重苦しい、無気味な静寂の中で、あるおそろしさをもってはだに迫ってくるのを感じることができます。

　この戒律主義と隔離・修道主義的精神のエッセネ派の影響を濃く受けたと考えられる洗礼者ヨハネが、禁欲と厳格の人として、〝食べも飲みもしない人〟として、一般のユダヤ人たちから非難されたのは当然なことだったといえます。

　これにくらべて、彼らがイエスにくわえた悪口は、〝大飯食らいの呑んべえ〟（『マタイ福音書』一一章一九節）ということでした。

ある聖書学者たちによれば、この表現は「私生児」とか「卑賤の出のもの」にたいしてくわえられる悪口だということですが、しかしこの場合は、洗礼者ヨハネが飲み食いしないということとくらべて、イエスにくわえられている悪口ですし、イエスがユダヤ教の会堂で説教をした事実からみて（『マルコ福音書』六章参照）――ユダヤ教では、「私生児」は会堂で説教することはおろか、公の会合にも出席できなかった――明らかにイエスにはそう言われるだけの何らかの要素があったと考えるべきでしょう。すなわちイエスは、律法主義者・禁欲主義者たちとはまったく違って、かなり自由に天衣無縫に振舞っていたのだと考えることができましょう。

麦畑を歩きながら穂をつんだ弟子たちは、決して人の畑の麦を泥棒したといって咎められたのではありませんでした。安息日には麦の刈り入れをしてはならないという労働に関する掟に違反したということで、律法学者たちに責められたのでした。それにたいしてイエスは、安息日が人のためにあるので、人が安息日のためにあるのではないという、簡潔なしかも当時の人たちにとってはおどろくべき言葉を口にしたのでした。

律法は神の掟であり、これを守らないものは大きな罪を犯しているのであり、その結果、神の罰は免れない、とかたく信じこんでいた当時のユダヤ教の人たちにとって、掟は人のためにあるのだというイエスの言葉は、まさに驚天動地という他はなかったでしょう。そしてこの言葉と態度のために、イエスとパリサイ派、律法学者たちの間は次第次第に険悪なものとなり、最後にはイエスは十字架の上に追いつめられてゆくことになるのでした。この危険を充分に承知しながらも、イエスは、律法よりも悲愛はさらにたいせつなものであるという主張と姿勢を、一貫して人々に訴え続けたのでした。

アガペー悲愛はたしかに素晴らしい、しかしそんな高い夢のような理想を掲げても、いったい人間にそんなことが可能なのだろうか、人間は口では皆なんとかいっていても、結局は人を見下すことに秘かな喜びと幸福感を味わっているのだし、最後には自分がいちばん可愛くなるにきまっているのではないだろうか。そういう疑問がすぐ私たちの心にはわいてきます。たしかに人間は醜いものだし、弱い反面残酷だし、またこの上なく身勝手なものだと思います。この頃特に私は、自分の身を振り返ってみて、福音書にでてくるイエスの前の重い皮膚病を患っている人たちの姿が、実は私自身の姿ではないかということを、しみじみと感じさせられています。

しかしイエスは、私たち人間がどういうものであるかということは骨の髄まで知っていました。その上でなおあの崇高な悲愛アガペーを生き、かつ説いたのだと思います。そしてむしろその点にこそ、イエスがもっとも示したかった信仰の秘密がかくされているように思われます。

この信仰の秘密をさぐるため、イエスの姿勢と教えにいま少し私たちの目を向けてみましょう。

悲愛が共にということをもっともたいせつにするのであれば、人を軽蔑し見下すということは、悲愛とは程遠いことといわなければなりません。

「ふたりの人が祈るために宮に上った。そのひとりはパリサイ人であり、もうひとりは取税人であった。パリサイ人は立って、ひとりでこう祈った、『神よ、わたしはほかの人たちのような貪欲な者、不正な者、姦淫をする者ではなく、また、この取税人のような人間でもないことを感謝します。わたしは一週に二度断食しており、全収入の十分の一をささげています』。ところが、取税人は遠く離れて立ち、目を天にむけようともしないで、胸を打ちながら言った、『神様、罪人のわたしをおゆるしください』と。あなたがたに言っておく。神に義とされて自分の家に帰ったのは、この取税人であって、あのパリサイ人ではなかった。」

（『ルカ福音書』一八章一〇―一四節）

これはイエス自身が語ったたとえばなしです。すでに述べたように、当時のユダヤの社会においては、取税人は売国奴とみなされ、皆から特に軽蔑され毛嫌いされていた人々でした。一方パリサイ派の人々は、皆から畏怖され尊敬されていて、自他共に立派な人間をもって任じていた人たちでした。この二人の人が神殿に上って祈りをしたというたとえばなしです。

私がまだヨーロッパにいた頃、ある晩寝る前にこの福音書の一節をよんだ私は、それからの生き方に大きな影響をあたえられた程の強烈な衝撃を受けたのでした。司祭になろうとフランスにわたり、そのときまで自分なりに一所懸命頑張っていた私を根底からゆさぶったものは、それまで自分の生きてきた道はキリスト教徒としての道ではなくて、実はパリサイ派の道ではなかったかという問いかけでした。この『ルカ福音書』一八章のパリサイ人の祈りを、私は結局続けてきていたのではなかったか、というおそれにも似た驚きでした。

立派な人間であることを自負していたパリサイ人は、神殿に上り神の前に立ったときも、他の人のように貪欲、不正、姦淫をせず、断食をし祈る人間であることを感謝したのでした。たしかに普通の意味で道徳的にだけみれば、このパリサイ人は立派な人であったかもしれません。しかしこのパリサイ人には、人間としていちばんたいせつなものが欠けていたのでした。

それは悲愛の心でした。

悲愛の心、キリストの説いた愛の心とは、人に石を投げない心であり、人の弱さや哀しみや醜さを己れの尺度で切り捨て審かない心です。普通の意味での道徳的な見方だけからすれば、パリサイ人たちは皆立派な人たちでしたし、立派であることを自他共に認めていた人たちでした。その点、イエスに従っていた大勢の取税人や娼婦たちよりも立派であったことは疑いをいれませんし、だからこそ取税人は神殿で祈っているパリサイ人をみたとき、その横で祈ることのできない自分をしっていたのでした。しかしイエスの見方はまったく別でした。イエスは明白に、この取税人の方がパリサイ人よりも神の前に立派であり、自分の意にかなっていると断言したのでした。

また、イエスはユダヤ人の長老たちに言っています。「よく聞きなさい。取税人や遊女は、あなたがたより先に神の国にはいる」（『マタイ福音書』二一章三一節）と。

イエスにとっては、律法よりも神殿よりも犠牲よりも、もっとたいせつなものがありました。それは、もっとも小さな一人の人間のいのちを、心を、いのちとし心としてたいせつにすることでした。ひとりびとりの人間がみな荷なって歩んでいる生の重荷を、哀しみを、共感することであり、共に背負って歩むということだったのです。

イエスはそれをアガペー悲愛とよんだのでした。

イエスが悲愛《アガペー》とは何かを説明した個所のなかに、よきサマリア人のたとえと呼ばれている一つのたとえ話があります。

「ある人がエルサレムからエリコに下って行く途中、強盗どもが彼を襲い、その着物をはぎ取り、傷を負わせ、半殺しにしたまま、逃げ去った。するとたまたま、ひとりの祭司がその道を下ってきたが、この人を見ると、向こう側を通って行った。同様に、レビ人《びと》もこの場所にさしかかってきたが、彼を見ると向こう側を通って行った。ところが、あるサマリヤ人が旅をしてこの人のところを通りかかり、彼を見て気の毒に思い、近寄ってきてその傷にオリブ油とぶどう酒とを注いでほうたいをしてやり、自分の家畜に乗せ、宿屋に連れて行って介抱した。翌日、デナリ二つを取り出して宿屋《やどや》の主人に手渡し、『この人を見てやってください。費用がよけいにかかったら、帰りがけに、わたしが支払います』と言った。この三人のうち、だれが強盗に襲われた人の隣り人になったと思うか。」彼が言った、「その人に慈悲深い行いをした人です。」そこでイエスは言われた、「あなたも行って同じようにしなさい。」

（『ルカ福音書』一〇章三〇―三七節）

これは、神を愛し隣人を愛すれば永遠の生命を得ることができるというイエスの言葉に、ある律法の専門家が、隣人とはだれですかと問い返したことにたいするイエス自身の答えでした。

エルサレムは海抜七百メートル以上の高地にあり、逆にエリコの近くにある死海は海面下四百メートルに位置している湖です。したがってエルサレムからエリコの町へ行くのには、三十キロメートルたらずの道のりで千メートル近くも下ることになります。ところどころにラタブと呼ばれる茨がはえているほかは一木一草もなく、白い石灰岩がごつごつと露出している茶褐色のそのユダの荒野に、一本の曲りくねった道がとおっているのでした。冬の雨期を除いては、日本の真夏の太陽よりもはるかに厳しい陽ざしが日中はかんかんと照りつけ、夜は防寒具を必要とするような寒さがこの荒野のエルサレムよりの一帯をおおうのでした。昔からこの道は盗賊の絶好の猟場となっていました。

もう十数年も前のことになりますが、ある晩友人の運転する車で夜八時すぎにエリコからエルサレムへ帰ろうとした私たちは、イスラエルの警備兵たちに停車を命ぜられてしまいました。この道はアラブゲリラがよく出没する道でたいへん危険だから、夜暗くなってから一台で行ってはいけない、もう一台の車が来て一緒になったら行ってもよろしい、もしもの時には、二台ならそのうちの一台が急報に来られるだろうから、ということでした。

昔も今も危い道なんだなあ、などと考えながら、イスラエルの兵隊たちの焚《た》いていた焚火《たきび》で身体を暖め、じっと真暗な闇の向こうにひろがる果てしない荒野の夜を見つめているうちに、いつしか私は、そこでかつて生活していた洗礼者ヨハネや、旧約時代の預言者たちや、エッセネ派の修道士たちのことを思わずにはいられませんでした。

満天の星空をいただく荒野の夜のもっている厳しさとおそろしさは、紀州の高野山でかつて私が感じとったものとはまったく異質なものでした。

かつて西の京の法隆寺や唐招提寺を訪ねた後で、私がひとり紀州の高野山にのぼったのは、三月も終りに近いある晴れた午後のことでした。

嵐のためか所々に倒れている杉の大木を左右に眺め、ひとり寒風の吹きおろす山道を登りながら、私はこの山頂に金剛峯寺を建立《こんりゅう》した空海弘法大師の気魄《きはく》に完全に圧倒されていました。

全山雪に包まれてしまったら麓に降りることが不可能であったようなこの険《けわ》しい山頂に、なぜ大師は寺を建てたのだろうか、あのなごやかな当時の都、京都の平安京を去って、この山頂に大師をして寺を建立させたものはいったい何だったのだろうか。天が近いからだろうか、都の軽佻浮薄な生活を誘惑として斥《しりぞ》けたのだろうか、あるいは山岳信仰への憧れもあって静寂な大自然のなかに仏を求めようともしたからなのだろうか。

みわたせば　柳桜を　こきまぜて
　みやこぞ春の　錦なりける

と素性法師によってうたわれた当時のあのはなやかな京の都を離れ、野鳥と獣の遠吠えだけがこだまするなかで誦経《ずきょう》を続ける僧たちの姿を想像しながら、夜ただひとりこっそりと宿房をでた私は、冷たい星空のもとでこの問いを心のうちでかみしめ続けたものでした。

たしかに紀州の夜には厳しさがあり重みがありました。しかしその厳しさは、ユダの荒野とくらべたときには、なおどこかに宮沢賢治の「銀河鉄道の夜」を思わせるような暖かみを秘めていたような気がします。荒野の夜には、闇のなかに迫ってくる白刃を思わせるようなおそろしさと烈しさが秘められていました。イエスも、洗礼者ヨハネ教団にいたときには、弟子たちと一緒に、何度もあの暖かなガリラヤの星空を思いだしながら、この烈しい荒野の夜空を仰いでいたのではなかったでしょうか。

イエスの語ったたとえ話は、このような荒野の道の上でおこった出来事でした。したがって荒野に夜が訪れれば、傷ついた旅人はとても生きながらえることはできなかったでしょう。そこへユダヤ教の祭司が通りかかりました。半死半生になって傷つき倒れている旅人を見て彼がいちばん初めに頭に浮かべたことは、おそらく旧約聖書『民数記』の一節だったのにちがいありません。そこには、死人に触れた者は七日のあいだ汚れる、という規定が記されていました（『民数記』一九章一一節参照）。彼にはこの倒れている男が死んでいるかどうか確信はなかったでしょうが、彼はともかくこの男がすでに死んでしまっているのではないかということを恐れたのでした。もし死んでいたとしたら、この男に触れることによって神殿につとめる自分の席次を失ってしまう――彼は倒れている人間の苦しみを己れの心の鏡に映しとるよりさきに、パリサイ派の人々のように、まず儀式と掟と己れの地位の保全を考えるタイプの人間だったのでしょう。この点、次に来たレビ人も、まったく同じでした。レビ人とは、一般には祭司の下にあって、神殿の楽隊とか守衛とかの宗教的な公務に服している階級の人々でしたが、通りかかったレビ人もまた神殿の務めと掟とを悲愛アガペーよりも重くみる人なのでした。

しかし三番目に通りかかったサマリア人はちがいました。

すでに第一部で（43頁参照）説明しましたが、サマリア人というのは、旧約聖書『列王記第二』の一七章にしるされているごとく、紀元前七二二／七二一年アッシリア王サルゴン二世のサマリア占領後、各地から移住させられてきた異民族と残存しているイスラエル人との混血によって生じたものとされています。したがってユダヤ人たちは、異邦人の血のまざったサマリアの人たちを心から軽蔑しており、サマリア人を〝シケムに住む愚かな民〟と呼んでいました。この両者の争いは、サマリア人がゲリジム山というシケムの近くの山の頂に自分たちの神殿を建て、エルサレムの神殿の権威を認めなくなって以来、癒《いや》し難いほど決定的なものとなっていました。イエスの時代には、道ですれちがっても両者はあいさつもかわさないほどの犬猿の間柄になっていたのでした。このことは『ヨハネ福音書』四章の、「あなたはユダヤ人でありながら、どうしてサマリヤの女のわたしに、〔水を〕飲ませてくれとおっしゃるのですか」（『ヨハネ福音書』四章九節参照）というサマリアの女性の驚きの言葉にもその一端をうかがうことができます。

傷ついて倒れている旅人の横を三番目に通りかかったのが、このサマリア人でした。普通なら横を向いて通ってしまうところだったのでしょうが、彼は傷つき倒れている旅人を見てかわいそうに思い、前の二人とはちがって、宿屋にまでつれていって、その代金までも払ってやったのでした。

彼ももちろん、のっぴきならない用事でこの危険な道を旅していたにちがいありません。しかも、旧約聖書のはじめにのっている五つの書物を普通にモーセ五書といいますが、このモーセ五書だけをたいせつに聖典として生きていたサマリア人のことですから、この『民数記』の掟をしらなくはなかったはずです。

しかし彼は、自分の用事よりも、掟にふれはしないかという恐れよりも、まずそこに倒れている一人の人間の苦悩と絶望感とを己れの心に映すことができる人だったのです。

この『ルカ福音書』一〇章のイエスと律法学者たちとのやりとりのなかで、まず私たちが気づくことは、イエスの答えがそのまま律法学者たちの質問の答えとはなっていないという点です。律法学者たちは、隣人とはだれであるか、ということをイエスに問いました。それに対してイエスは、隣人とはだれであるかという問いには答えずに、隣人になりなさいという返事をあたえています。

イエスにとっては、隣人を愛するということは、その人の隣人となるということにほかなりませんでした。

しかしそのためには、自分の心が我執や我見でいっぱいになっていたのでは駄目でしょう。我執とは己れの欲にとらわれていることであり、我見とは小さな己れの意見にこだわり、柔らかな心で在りとし在るものをそのままに受けとめることのできないことをいいます。我執や我見でいっぱいになっている心は、ちょうど汚れのたくさんついている鏡のようなもので、決して相手の心の哀しみや苦しみを素直に自分の心に映しとることはできないでしょう。

イエスが、神を愛することと隣人を愛することとは同じようにたいせつなことである（『マルコ福音書』一二章二九―三一節参照）といった深い意味が、ここにあるように思われます。

私たちの人生の前を横を後ろを歩んでいる人、すれちがってゆく人、そういう人たちの思いを自分の心に映すことのできる人は、また神の己れへの思いをも受けとることのできる人です。そう考えたとき、私たちは、イエスの愛弟子ヨハネがその書簡の中で次のように言っているのを、心から理解することができます。

愛する者たちよ。わたしたちは互に愛し合おうではないか。愛は、神から出たものなのである。すべて愛する者は、神から生れた者であって、神を知っている。愛さない者は、神を知らない。神は愛である。（中略）わたしたちが愛し合うのは、神がまずわたしたちを愛して下さったからである。「神を愛している」と言いながら兄弟を憎む者は、偽り者である。現に見ている兄弟を愛さない者は、目に見えない神を愛することはできない。

（『ヨハネ第一の手紙』四章七―二〇節）

我欲・我見でいっぱいの心は、神の思いも人の思いも素直に己れの心に映すことはできません。永遠の生命―場の働きかけによる自己転換がおこなわれていないからです。

我見にとらわれていると、いかにものごとを素直にありのままの姿で受けとることができないか、そのよい例を、福音書の中のイエス在世当時の弟子たちの姿のうちに見出すことができます。

福音書を繙《ひもと》いてみれば、イエスにつき従っていた弟子たちが、誠実ではあったとしても、しかし私たちと同じように、どんなに弱くまたそれでいて身勝手であったかにまず驚かされます。イエスの死まで、イエスと弟子たちとの間には、これほどトンチンカンな会話もめずらしいのではないかと思われるようなやりとりが続いていています。一つ釜の飯をたべながら長い間生活していて、イエスと弟子たちの間になぜそういうことがおこったのか、いまその問題を考えてみたいと思います。

当時パレスチナには、ローマ帝国の植民地であったために多くのローマ兵が駐屯しており、我が物顔に国中を歩きまわっていました。それを見せつけられていたユダヤ人たちの間には、いつかローマの軍隊を打ち破って、いま一度かつてのダビデ王、ソロモン王の時代の隆盛にもどりたいという夢が次第次第に強く燃えあがっていたのでした。したがって、救い主メシアが来た、という知らせは、イエスの弟子たちも含めた全ユダヤ人にとって、ローマ帝国を打ち破ってユダヤの国を再建する政治的な王の出現にほかなりませんでした。『ヨハネ福音書』の「イエスは人々がきて、自分をとらえて王にしようとしていると知って、ただひとり、また山に退かれた」（『ヨハネ福音書』六章一五節）という言葉は、もっともよくこのかんの事情を物語っているといえましょう。

ペテロを初めとして、イエスの愛弟子たちさえ、いかに政治的メシアの像にとらわれていたか、イエスのいうことに無理解であったか、次のマルコの福音書の一節が鮮やかにそれを描きだしていると思います。

人の子は必ず多くの苦しみを受け、長老、祭司長、律法学者たちに捨てられ、また殺され、そして三日の後によみがえるべきことを、彼らに教えはじめ、しかもあからさまに、この事を話された。すると、ペテロはイエスをわきへ引き寄せて、いさめはじめたので、イエスは振り返って、弟子たちを見ながら、ペテロをしかって言われた、「サタンよ、引きさがれ。あなたは神のことを思わないで、人のことを思っている。」

（『マルコ福音書』八章三一―三三節）

イエスの前にはいつもの二つの道が示されていました。一方はユダヤ人の群衆や弟子たちの期待にこたえる栄光と喝采のメシアへの道であり、いま一方は苦悩と孤独の十字架上のメシアへの道でした。

不安とむなしさと目標のないジメジメした生活にさいなまれながら、人生の底辺をトボトボと歩んでいるひとりびとりの生の重荷と哀しみを共に荷って歩むこと――それがイエスの説いた悲愛アガペーの究極的な姿であるとすれば、神の愛と永遠の生命―場に完全になりきっていたイエスにとって歩むべき道は、私たちの考えうるかぎりのもっとも苦悩に充ちた、孤独な、血と泥にまみれたみじめな十字架の道以外にはありませんでした。

その姿は、遠藤周作氏が『死海のほとり』で描き出したように、一見弱者の敗北としか受けとれない、一個の泥にまみれた肉塊でしかなかったでしょう。

なまじの悲愛ではなく、悲愛をその極限まで生き抜いた姿というものは、外側だけからみれば、もっともみじめで弱くそしてきたならしいとさえ感じられる姿であるはずです。悲愛とは人の重荷を己れの上に背負うことだからです。

私たち凡人の域を質的にも遙かに超えた神の子イエスの悲愛の姿は、普通の目には見ぬけないほどに深く、人間の惨めさに沁み透り、それを己れ自身の上に引き受けた姿であったといえましょう。

肉や魚の腐ったような、なんとなく不快な臭いの漂っているエルサレムの狭い石畳の上で、十字架の重みで喘《あえ》いでいる、血と埃《ほこり》にまみれた人間イエスの姿のうちに、弟子たちをも含めて、はたしてだれが人間の思慮分別を超えた神の愛の姿をよみとることができたでしょうか。

イエスの十字架の死の預言が、ペテロや弟子たちには単なる弱気からくる敗北主義と受けとられたのも無理はなかったのかもしれません。彼らには、栄光に輝く政治的な救い主以外は考えられなかったことだったでしょうし、まして惨めな弱い姿の救い主などというものは想像すらできなかったでしょう。彼らの頭には、かつてユダヤ人をエジプトにおける奴隷状態から救い出した英雄モーセの姿が、手を上げればたちまち敵軍を敗退させた、胸を張ったモーセの姿が、いつもいっぱいにひろがっていたことだったでしょう（『出エジプト記』一七章参照）。

悲愛を生き抜くということは、人生の真実とは、人間の目には、二たす二は四というふうにもっともなこととして映るものではないのでしょう。人生は、それが神の悲愛にささえられているものだからこそ、まさに人間の目には納得できない一つの神秘として映るのではないでしょうか。

十字架上で死に瀕しているイエスにむかって、人々は嘲笑と軽蔑をこめていいました、「他人を救ったが、自分自身を救うことができない。あれがイスラエルの王なのだ。いま十字架からおりてみよ。そうしたら信じよう。彼は神にたよっているが、神のおぼしめしがあれば、今、救ってもらうがよい。自分は神の子だと言っていたのだから」（『マタイ福音書』二七章四二―四三節）。

「いま十字架からおりてみよ。そうしたら信じよう」。この言葉ほどイエスにとって誘惑にみちた言葉はなかったでしょう。

しかし遂に十字架の上で奇跡はおこりませんでした。

弟子たちや人々の期待に反して、夕闇迫るカルワリオ[2]の丘の上で、盗賊にはさまれながら、イエスは嘲笑と裏切りのなかで死んでいったのでした。

それは外側から見れば、弟子たちやその他の人間の目から見れば、神の悲愛の大きさを説きつつ自らも悲愛を生きぬいた、単なる一個の人間の敗北の死であり、悲惨な最期でしかなかったでしょう。

しかし実際はそうではありませんでした。悲愛をその限界まで生きぬき、そして倒れたイエスを、我が子よ、よくやった、と神がイエスを立ち直らせ——これがイエスの復活ということなのですが——そのふところに抱きとることによって、はじめてイエスの中に充満していた永遠の生命―場と私たちが感応依存の関係に入ることができるようになったのです。

この厳粛な出来事の真の意味を理解するためには、ペテロをはじめ弟子たちは皆、あまりにも奇跡をおこす力強い政治的現実的救い主という我見にとらわれすぎていました。そのため、悲愛とは究極においてどういう姿をとるものであるかがわかっていなかったのです。

田舎道などを歩いていて、ふと路傍に石のお地蔵さまを見つけたとき、私はほのぼのとした暖かさがこち

2 「ゴルゴタ」とも呼ばれる、イエスが十字架刑に処されたとされる丘。福音書によると、エルサレムの近郊にあったとされる。

らの胸に伝わってくるのを感じます。私はこういうお地蔵さまが、なんともいえず好きなのです。たしかに薬師寺の薬師三尊は素晴らしいものですし、浄瑠璃寺の九体の阿弥陀如来の前に立っていると、なにか包みこまれてゆくような安らかな気分になることはほんとうです。しかし私は、それらの立派な仏像に対したときとは別な、あるいいしれない暖かさというものを、この野ざらしのすりへったお地蔵さまに感じるのです。

立派な家があるわけでもなく、雨の日も風の日も路傍にさらされっぱなしで、鳥に糞をかけられ、馬に尿をされ、赤い前掛けをかけさせられて、それでもじっと村人たちの哀しみやせつなさを背負って、村はずれに何十年、何百年と立ちすくんでいる姿、風雨にさらされて顔もすりへってしまい、土台の一部まで欠けてしまっている姿――柿の木のしたですすきと仲よく手をつないで、ひろい空のもとで自然と一つになって泥にまみれているこの地蔵の姿のなかに、私は悲愛というものの姿を感じとるような気がするのです。

第八章　幼子《おさなご》の心・無心

イエスを信じ、神の悲愛を信じるということの根本は、奇跡をおこない、人々から称賛されているイエスを信じることではありません。旧約の預言者たちも、偉大な仏僧たちも奇跡をおこないました。さらには〝古代、ギリシャのルルド〟と呼ばれているエピダウルスの神殿のアスクレピオスの神も奇跡をおこなったにちがいありません。神殿からは、山と奉献された病気治癒感謝の石板が発掘されています。

もっとも重大なことは、イエスの死の十字架の上では奇跡はなかったということなのです。

イエスを信じ、神の悲愛を信じるということは、一見弱く無力で惨めなイエスの死であったからこそ、まさにイエスは神の悲愛そのものである神の子であったということを信じることにほかなりません。一見無力で惨めな悲愛の生涯であるからこそ、実は限りなく力あり崇高なものであるという悲愛の逆説を信じることなのです。

イエスも神の子であり、私たちも神の子です。しかし、永遠の生命―場に完全に感応しそれになりきったイエスと私たちの間には、決定的な差があることを認めないわけにはいきません。だれがはたしてイエスほど徹底的に悲愛を生き抜くことができるでしょうか。

「まことに、この人は神の子であった」といったローマ兵百人隊長の言葉（『マルコ福音書』一五章三九節参照）は、実際に徹底的に身近でイエスを鞭打ち、それにたいするイエスの姿勢を確かめえた人にしてはじめて言いえた言葉だったのではないでしょうか。

こう考えてくれば、イエスを思っていった、先の『マルコ福音書』八章のペテロの言葉が、逆にイエスにとっては誘《いざな》いの言葉となったことが理解されますし、「サタンよ、引きさがれ、あなたは神のことを思わないで、人のことを思っている」という、愛弟子ペテロに対するものとしては極端すぎるくらいに烈しいイエスの叱責も、当然のことと思われます。

『マルコ福音書』一〇章は、さらに明白に弟子たちのイエスへの無理解を浮き彫りにしています。

一同はエルサレムへ上《のぼ》る途上にあったが、イエスが先頭に立って行かれたので、彼らは驚き怪しみ、従う者たちは恐れた。するとイエスはまた十二弟子を呼び寄せて、自分の身に起ろうとすることについて語りはじめられた、「見よ、わたしたちはエルサレムへ上って行くが、人の子は祭司長、律法学者たちの手に引きわたされる。そして彼らは死刑を宣告した上、彼を異邦人に引きわたすであろう。また彼をあざけり、つばきをかけ、むち打ち、ついに殺してしまう。そして彼は三日の後によみがえるであろう。」

さて、ゼベダイの子のヤコブとヨハネとがイエスのもとにきて言った、「先生、わたしたちがお頼みすることは、なんでもかなえてくださるようにお願いします。」イエスは彼らに「何をしてほしいと、願うのか」と言われた。すると彼らは言った、「栄光をお受けになるとき、ひとりをあなたの右に、ひとりを左にすわるようにしてください。」イエスは言われた、「あなたがたは自分が何を求めているのか、わかっていない。あなたがたは、わたしが飲む杯《さかずき》を飲み、わたしが受けるバプテスマを受けることができるか。」彼らは「できます」と答えた。するとイエスは言われた、「あなたがたは、わたしが飲む杯を飲み、わたしが受けるバプテスマを受けるであろう。しかし、わたしの右、左にすわらせることは、わたしのすることではなく、ただ備えられている人々だけに許されることである。」十人の者はこれを聞いて、ヤコブとヨハネとのことで憤慨し出した。そこで、イエスは彼らを……。

（『マルコ福音書』一〇章三二―四二節）

一読してちょっと苦笑を禁じえないような個所だと思います。

一行の先頭を行くイエスの姿には、もうこれが生涯最後のエルサレム行きになるであろうという決意と緊迫感と孤独とがうかがわれます。弟子たちはまだその意味がわからず、ただいつもとは少し様子の違う師イエスの姿をおそれていたと記されています。

イエスがエルサレムにおける自分の死について語っても、弟子たちはそれが何を意味するのかわかっていませんでした。弟子たちの心は、どうしようもないほど強く、栄光の政治的救い主のイメージによって占められていたからでした。

ヤコブとヨハネの二人は、このイエスの恐怖をまじえた緊迫感を、いよいよローマに対して一旗あげるくらいに誤解したのでしょう。イエスの前にやって来て、イエスが天下をとった暁には、私たちを大臣にしてくださいと頼みます。この二人は他の十人を出し抜いて、先に師イエスと先約を結んでしまおうという考えでした。イエスを政治的救い主、王として考えていた彼らにとっては、私たちと同じ野心と虚栄心と弱さをもっていた弟子たちにとっては、だれがいちばんえらいかということはきわめて重大な問題でした。それはイエスが天下をとったとき、だれがどの位置につくかということを意味していたからです。死の前日の夜、イエスは弟子たちと最後の晩餐を共にするのですが、この席上でさえ弟子たちは、だれがいちばん偉いだろうかということで言い争っていたような状況なのでした（『ルカ福音書』二二章二四節参照）。

イエスは、あまりにも自分の心からは遠い弟子たちを前にして、おそらくはある哀しみの口調で彼らに答えたことだったでしょう、〝お前たちは自分が何を求めているかも分っていない、お前たちは私が通り抜けねばならないような経験を耐えぬくことができるのか〟。イエスの〝杯を飲む〟という表現は、運命、特に苦しみを共にすることを意味しています。またバプテスマ（洗礼）というギリシャ語は、もともと水中に沈み入ることを意味する語で、したがって洗礼を受けるというここでのイエスの表現は、苦しみの中に沈み入ることを意味していました。

このあと他の十人の弟子たちが、出し抜いて先約を結ぼうとしたヤコブとヨハネを怒って責めるわけですが、この弟子たちの心は、長い間イエスと一つ釜の飯をたべながら、なんとイエスの心から遠いものだったのでしょうか。

この点から察すれば、最後の晩餐の後のゲッセマネの園での弟子たちの態度も当然のことだったのでしょう。

目前に迫っている死と苦難を前にして、イエスの心は、この上ない恐怖と苦悩とにとらえられていました。〝私は悲しみのあまり死にそうだ。ここを離れないで目を覚ましていてくれ〟とイエスから頼まれたにもかかわらず、イエスの祈りの間に、ペテロもヤコブもヨハネも、みんなイエスの横で寝込んでしまったのでした（『マルコ福音書』一四章三四節以下参照）。まさか師が捕えられるなどということは、あれほど繰り返しいわれても、政治的救い主を期待していた弟子たちには想像することすらできなかったのでしょう。福音書はそのかんの事情をいつものように簡潔に表現していますが、そのときのイエスの孤独と寂寥を、私たちは福音書の行間に読みとることができるような気がします。

狭い石畳の上で、十字架の重みと疲労に耐えかねて、血と汗と泥にまみれながら二度、三度と倒れたイエスを、弟子たちのうちだれ一人として助けに行こうとしなかったのは当然のことでした。イエスを助けたのは、見るに見かねたローマの百人隊長に雇われたクレネから来ていたシモンという男だけだったのです（『マタイ福音書』二七章三二節参照)。

人々はイエスを捕え、ひっぱって大祭司の邸宅へつれて行った。ペテロは遠くからついて行った。人々は中庭のまん中に火をたいて、一緒にすわっていたので、ペテロもその中にすわった。すると、ある女中が、彼が火のそばにすわっているのを見、彼を見つめて、「この人もイエスと一緒にいました」と言った。ペテロはそれを打ち消して、「わたしはその人を知らない」と言った。しばらくして、ほかの人がペテロを見て言った、「あなたもあの仲間のひとりだ。」するとペテロは言った、「いや、それはちがう。」約一時間たってから、またほかの者が言い張った、「たしかにこの人もイエスと一緒だった。この人もガリラヤ人なのだから。」ペテロは言った、「あなたの言っていることは、わたしにはわからない。」すると、彼がまだ言い終らぬうちに、たちまち、鶏が鳴いた。主は振りむいてペテロを見つめられた。そのときペテロは、「きょう、鶏が鳴く前に、三度わたしを知らないと言うであろう」と言われた主のお言葉を思い出した。そして外へ出て、激しく泣いた。

(『ルカ福音書』二二章五四―六二節)

大祭司カヤファ官邸跡といわれる場所は、現今の城壁の南側の外にあり、シオンの丘の東側に位置しています。現在は〝ペテロの鶏鳴教会〟という名の教会がそこに建っていますが、考古学的には、そこがカヤファ官邸の跡であったという確証は、何もありません。しかしそこには、シオンの山からシロアムの池に通じていた、イエス在世当時の階段道が発掘されて、鮮やかに残っています。イエスが弟子たちと一緒にこの道を通ったであろうことは、まず確実であるといえましょう。

私がこの階段を訪れたときは、日はもうかなりエルサレムの西に傾いていました。ところどころ歯が欠け落ちたように破損しているこの階段の上には、高い糸杉が長くその影を落としていました。『ルカ福音書』二二章の、先程引用したペテロの否みの個所を思い浮かべながら、この階段をひとり静かに上がり下りしているうちに、いつのまにか、カヤファ官邸の中庭でイエスを否み続けているペテロに向かって投げかけられた、あのイエスの哀しみにみちた悲愛のまなざしが私の心にも大きくひろがっていくのを感じたのでした。

フランスの考古学者アンドレ・パロによれば、大祭司カヤファの家は中庭をもっている建物で、住居のすべての部屋が中庭に向いていたようです。冬が過ぎ去ったばかりで、まだ夜の冷えこみは厳しく、人々は中庭で火を焚き、真赤な炭火のまわりで暖をとっていたのだろうと思われます。『マルコ福音書』一四章六六節には、〝下の庭〟という言葉がありますから、イエスが引見された場所は、おそらく二階の中庭に面した部屋だったのでしょう。

イエスはその二階からじっと自分を否認し続けるペテロを見下ろしたにちがいありません。私はこのイエスのまなざしに、およそ人間なら誰しもが荷なって歩んでいる弱さと傲慢とやるせなさにむけられている、イエスの哀しげな、しかし同時にこの上なくやさしい暖かな思いを読みとることのできる気がします。悲愛が、その究極の形においては、人の生の重荷とやるせなさを審くことではなく、かえって己れの上に荷なうとることであるとするなら、悲愛の極限を生き抜いて倒れたイエスの重荷は、すなわち私たちひとりびとりの生の重荷とやるせなさとたかぶりであったと思えるのです。

救い主というイメージのなかに、かつてのモーセやダビデ王のような政治的英雄を夢見ていたペテロは、最後までイエスの真意を汲みとることができませんでした。しかもいつも〝だれがいちばんえらいのか〟を争っていた弟子たちは、皆その弱さとおそれのためにイエスを棄てたのでした。

ペテロはそのあと外に出てひとり烈しく泣き崩れてしまうのですが、このペテロをみつめたイエスのまなざしの暖かさは、私たちがそれに気づいてはいなくとも、いつも永遠の生命―場の働きかけとして、今も私たちの生活の脚下に注がれているものだと思います。

自分の顔がどんなに汚れていても、私たちは鏡に映して見なければそれに気づくことができません。ましてそれが、自分にとって、どうしてもそうは思いたくないような自分の心の恥部であれば、人にいわれたくらいでそれをたやすく認めるほど、私たちは素直でもなければ謙虚でもないと思います。


「なぜ、兄弟の目にあるちりを見ながら、自分の目にある梁を認めないのか。自分の目には梁があるのに、どうして兄弟にむかって、あなたの目からちりを取らせてください、と言えようか。偽善者よ、まず自分の目から梁を取りのけるがよい。そうすれば、はっきり見えるようになって、兄弟の目からちりを取りのけることができるだろう。」

（『マタイ福音書』七章三―五節）


このガリラヤ湖畔の緑の丘の上でなされた、イエスの山上の説教といわれている教えの一節は、今も私たちの生活の上に深い真実の光を投げかけているといえましょう。

ペテロを見つめたイエスのまなざし、自分を裏切り見捨てた仲間の弱さや哀しみすら己れの上に背負って歩んでいくイエスの悲愛の姿、それこそ私たちが自分の姿をよくそこに映してみるべきたいせつな鏡だと思います。それにはやはり大きな勇気がいります。しかし勇気をもってこのイエスという鏡の前に自分の姿を映してみたとき、私たちは何人《なんぴと》もあのパリサイ人の祈り（155頁参照）を口にすることはできないでしょう。そしてあのパリサイ人の隣りで頭をたれ手を合わせていた取税人の祈りこそ、まさに私たち自身の捧げなければならない祈りであることに気づくのではないでしょうか。

そこからはもはや、人の醜さや弱さを審き切り捨てるパリサイ人の心はうまれてこないはずです。人の思いを自分の心に汲みとり、人に決して石を投げることのない悲愛の芽は、その土壌にこそはじめて芽ばえてくるであろうと思います。

　イエスにさわっていただくために、人々が幼な子らをみもとに連れてきた。ところが、弟子たちは彼らをたしなめた。それを見てイエスは憤り、彼らに言われた、「幼な子らをわたしの所に来るままにしておきなさい。止めてはならない。神の国はこのような者の国である。よく聞いておくがよい。だれでも幼な子のように神の国を受けいれる者でなければ、そこにはいることは決してできない。」そして彼らを抱き、手をその上において祝福された。

（『マルコ福音書』一〇章一三―一六節、『ルカ福音書』一八章一五―一七節）

　神の国を受け入れる、あるいは天国を受け入れるという言いまわしは、当時のユダヤ教の教師《ラビ》たちのよく使用した言いまわしであって、教師たちは、この表現によって律法を慎重に守ることを意味させていました。しかしイエスにとってたいせつなのは、律法を守ることよりも、悲愛アガペーを養い育てる土壌としての童心に立ち返るということなのでした。

　そのときイエスは声をあげて言われた、「天地の主なる父よ。あなたをほめたたえます。これらの事を知恵のある者や賢い者に隠して、幼な子にあらわしてくださいました。（後略）」

（『マタイ福音書』一一章二五節、『ルカ福音書』一〇章二一節）

タルムードでは、知恵ある者の弟子ということは、律法学派の会員のことを意味しています。イエスは明らかに〝幼な子の道〟〝童心の道〟を、神の前に己れの義を立て、律法を守っていることを誇りとしている〝知恵ある者〟〝賢い者〟の道と対照させ、童心の道の重要さを説かれたように思います。

心理学者の霜山徳爾氏は、『人間の限界』という著書のなかで、子供の持つ生命の充実感ということについて、たいへん興味深いことを述べています。

重い疲労の日や、粉飾された倦怠の夜を繰り返す大人とちがって、子供が生き生きとした充実感を味わうことのできるのは、子供が保護されているといういゆるぎない信頼感を持っているからであって、恵まれた子供は、自分が信じている大人から決して見棄てられることはないと思うからこそ、安心して遊び、また己れにたのむところを得ることができるのだというのです。そして、信頼とは、前もって他者の誠実さを先取りすることであるがゆえに一つの賭けであって、まさにそのように自分の目を閉じることによって初めて明らかにいかなる他者の側面というものが人生にはあるのだといっています。

童心とは、生命―場の働きに、子供のようにまったく信頼して己れを委せきる心であり、我《が》をあずけきった無心に通ずる心であるといえましょう。そのとき、生命―場の働きとしての神の愛が、無心の姿を通して他に働きかけるのであって、悲愛とは、自分はこれこれの善いことをしてやっているのだ、といったような押しつけがましい行為からはおよそ縁遠いものといえましょう。自分は善いことをしているのだ、というような意識からさえも解脱《げだつ》している、風の吹くままに散る紅葉のような心、それが自然ながらの心、童心、幼子の心というものではないでしょうか。

この里に　手毬《てまり》つきつつ　子供らと
あそぶ春日は　暮れずともよし

良寛にしてはじめて詠《よ》みうる歌であろうと思います。

私には、良寛の迷い哀しんでいる人々に対する共感、慈愛にみちた繊細なまでに優しい心は、彼が心の奥にいだいていた人生の痛みと翳《かげ》りと哀しみを抜きにしては理解できないもののように思えます。良寛が自分の過去についていっさい語りたがらなかったのは、それだけ、稼業をのっとられてしまって自殺した父以南の最期《さいご》をはじめとした多くの出来事が、あの静かなしかしどことなく暗さをただよわせている出雲崎の海とともに、若い良寛の心に深く生の哀しみや痛みを残していたからなのでしょう。

良寛の童心は、たんなる生まれつきというようなものではありません。次に掲げる文や歌がよく示しているように、長い苦しみや迷いの後に、生命―場の働きに転換され、プネウマ（霊）のままに己れを委せきるところに抜け出した良寛の姿であったと思います。

いま釈氏子〔僧侶のこと〕と称するは、行もなくまた悟もなし。いたずらに檀越《だんおつ》の施を費して、三業《ごう》相顧みず。頭をあつめて大語をたたき、因循〔つまらぬしきたりのこと〕旦暮《たんぼ》をわたる。外面は殊勝をたくましゅうして、かの田野の嫗《おうな》を迷わす。

（東郷豊治『良寛』東京創元社、一九七〇年、93頁。〔　〕内筆者）

これは、イエスのパリサイ派への烈しい言葉を思わせるような、同僚の僧侶にたいする良寛の怒りをぶちまけた言葉ですが、次の歌には、西行の和歌をしのばせるような、彼の迷いの深さがうかがえると思います。

いかにして　真の道に　かなひなむ

千年《ちとせ》のうちに　一日たりとも
法の道　まことは見えで　きのふの日も
けふも空しく　暮らしつるかな

マタイ、マルコ、ルカの福音書に共通にのっている次のような物語があります。

ある役人がイエスに尋ねた、「よき師よ、何をしたら永遠の生命を受けられましょうか。」イエスは言われた、「なぜわたしをよき者と言うのか。神ひとりのほかによい者はいない。いましめはあなたの知っているとおりである、『姦淫するな、殺すな、盗むな、偽証を立てるな、父と母とを敬え』。」すると彼は言った、「それらのことはみな、小さい時から守っております。」イエスはこれを聞いて言われた、「あなたのする事がまだ一つ残っている。持っているものをみな売り払って、貧しい人々に分けてやりなさい。そうすれば、天に宝を持つようになろう。そして、わたしに従ってきなさい。」彼はこの言葉を聞いて非常に悲しんだ。大金持であったからである。イエスは彼の様子を見て言われた、「財産のある者が神の国にはいるのはなんとむずかしいことであろう。富んでいる者が神の国にはいるよりは、らくだが針の穴を通る方が、もっとやさしい。」これを聞いた人々が、「それでは、だれが救われることができるのですか」と尋ねると、イエスは言われた、「人にはできない事も、神にはできる。」

（『ルカ福音書』一八章一八―二七節）

この話は、普通に一読したかぎりでは、イエスのこの上ない厳しさを伝えているような印象を受けます。

掟はみんな守っているといった役人にたいして、持ち物を全部売り払ってついて来なさいというのがイエスの要求でした。私たちは、顔を曇らせながら去っていった役人を気の毒だと思い、もしこの要求が私にされたなら、私もとてもついてはいけないだろうし、そうしなければ永遠の生命に入ることができないというのなら、とても私は永遠の生命に入ることはできないという絶望的な気持におそわれるでしょう。そして弟子たちと一緒に、「神の国にはいるのはなんとむずかしいことであろう」と心のなかで叫ぶにちがいありません。

しかし、ほんとうにこの個所は、金を所有するということにたいしてのイエスの徹底的な厳しさと放棄の要求とを私たちに教えているのでしょうか。

私はそうは思いません。たしかに弱い私たちにとって、しばしば金というものが魅力的なものであればあるだけ、それだけ危険なものとなり、私たちの心の目を曇らせ、私たちを欲のとりこにしてしまうことがあることは事実でしょう。しかし、この個所でイエスが伝えようとしたことは、もっとはるかに根本的な第一義的なことがらであったように思えます。

ルカがこの話を、先程も引用した（155頁参照）〝取税人とパリサイ人の神殿での祈り〟のたとえ話と、童心に帰ることをすすめたイエスの言葉とのすぐ後に置いているということを、私たちは見のがしてはなりません。ルカがこの金持の役人の話を、前の二つの話と連関したものと考えていることは明らかなことだといえます。だからこそ、ルカはこの三つの話を一八章に並べて編集するという作業をおこなったのだと思います。

そう考えれば、この話の中心点は、持ち物を全部売り払えという点にあるのではなくて、いちばん最後の「人にはできない事も、神にはできる」というイエスの言葉にあることがわかります。

人はどんな立派な生活を送ろうと、善行を積もうと、決して自分の力で永遠の生命に入ることはできない、謙虚に己れの醜さと至らなさとを認め、素直な幼子の心で手を合わせるとき、永遠の生命を己れのうちに受け入れることができるのだ、という根本的な第一義的なことを、イエスはこの金持の役人に教えたかったのです。

私は幼い時からそのような掟はみんなまもっています、と胸を張ってイエスに答える役人の姿のうちに、イエスはあの神殿でのパリサイ人と同じものを嗅ぎとっていたのではないでしょうか。

あの泥にまみれ、血だらけになって十字架の重みで倒れたイエスの姿の前に立って、私は掟はみなまもりました、私は人をたいせつにしました、などといいうる人がはたしてあるのでしょうか。

いい加減な人間である私たちは、自分は善いことをしている、自分は正しいことをしていると思ったときこそ、足下にひろがる深淵のおそろしさに身ぶるいをすべきでしょう。役人に欠けていたものは、永遠の生命を受けるべき第一義的なもの、すなわちイエスという鏡に映った己れの醜い真の姿を、謙虚に勇気をもってみつめる姿勢でした。金を全部実際にわけあたえなさいという英雄的行為をイエスは役人に強いたのではありません。パウロがコリント人への第一の手紙でいっているように、「自分の全財産を人に施しても、また、自分のからだを焼かれるために渡しても」（『コリント第一書』一三章三節）、アガペー悲愛がなければ、そんなことはちりほどの値うちもないことは、イエス自身いちばんよく知っていたはずです。悲愛を育てるべき土壌としての謙虚さを、せめて金によってとらわれている己れの醜い姿を自覚させたいとイエスは思ったのでした。

マルコの福音書では、この物語が一〇章にのっていますが、その原文には、ふつう日本語訳で、「その人をいつくしんでいわれた」と訳されている個所にエガペセンという言葉が使われています。これはアガペー（悲愛）という名詞の動詞形であるアガパン〔アガパオー〕の、アオリストと呼ばれる形であって、ヨハネ、パウロの著作を除けば、イエスの語った言葉以外に悲愛という語が使われている、きわめて例外的な個所のうちの一つです。一見、イエスのこの役人にたいする態度はなんとなく冷たいようにみうけられますが、実際には、この例外的な言葉がここで使われているのをみても、イエスがこの金持の役人をきらったり憎んだりしたなどとはとうてい考えられず、心の底からその役人をいつくしみ愛したがゆえに、彼の忘れているもっともたいせつなことを気づかせてやりたいと思い、故意にイエスがとった姿勢であることは明らかだと思います。

キリストは、神のかたちであられたが、神と等しくあることを固守すべき事とは思わず、かえって、おのれをむなしうして僕《しもべ》のかたちをとり、人間の姿になられた。その有様は人と異ならず、おのれを低くして、死に至るまで、しかも十字架の死に至るまで従順であられた。それゆえに、神は彼を高く引き上げ、すべての名にまさる名を彼に賜わった。（『ピリピ書』二章六―九節）

イエスの心は、完全に永遠の生命―場に感応し、神の愛に充満して、太陽の光を受けて輝く透明にすんだ水晶のようでした。だからこそ、人間の心の哀しみや重荷をそのままの己れの心に映しとることができたのであり、血と泥にまみれた一見もっともみじめな人間の姿となって、カルワリオの丘の上で倒れたのでした。その心を、パウロは、このピリピの教会に宛てた書簡の中で、〝己れを無にして〟という表現であらわしています。原文のギリシャ語はケノーシスという言葉ですが、このケノーシスという言葉に、神の御旨にすべてをあずけきって、プネウマ（聖霊）の動きのままになりきっている、スッカラカンの、底というもののない、ひろびろとしたイエスの心が、よくいいあらわされていると思います。

イエスが死を翌日にひかえた前晩、ひとりゲッセマネの園で祈った言葉「わたしの思いではなく、みこころのままになさってください」という言葉こそ、御旨にすべてを任せきったなれかし一筋になりきっていたイエスの心をもっともよくあらわしているといえましょう（『マルコ福音書』一四章三六節参照）。

神はあなたがたをかえりみていて下さるのであるから、自分の思いわずらいを、いっさい神にゆだねるがよい。

（『ペテロ第一書』五章七節）

というペテロの言葉は、短いながら、永遠の生命にとらえられるための心構えを、実によく表現していると思います。

思い煩いは、原文ギリシャ語ではメリムナという言葉ですが、これは、永遠の生命―場に包まれ、すべての存在と感応依存の関係にあるべきことを忘れて、己れを何かこれから独立したものと考え、その独立した己れの存在にのみきゅうきゅうとすることをいっているのだと思います。どんなに思い煩ってみても、イエスがいわれるように、私たちは自分の生命を少しでも延ばすことはできませんし（『ルカ福音書』一二章二五節参照）、愛する人を永久に自分のもとに留めておくこともできません。

〝祈り〟とは、人間が本来あるべき姿に立ちなおろうとする心の姿勢であり、生命―場の働きかけを自分の心に聴きとり、それに任せきろうとする心の在り方にほかなりません。掌を合わせる、坐る、ひざまずく、頭を下げるなどという外見的な姿勢は、この働きかけを聴こうとする心の姿勢から自然にわきでてくるものであって、必ずしもその必要はないものでしょう。もちろん聴く心の姿勢ですから、まわりが騒がしいよりも静かなほうがむいているにはちがいありませんが、――イエスもよく静かな、人里離れたところや山で祈ったと福音書にはしるされています――、本来は、自然を眺めながらでも、部屋の中でも、バスを待ちながらでも祈れるものであると思います。したがってその祈りには、願望や感謝や賛美の思いが秘められてくるのは当然のことでしょう。

ルカの福音書には、罪人と訳されているギリシャ語のハマルトーロスという言葉がよく使われていますが、ハマルトーロスというのは、自分の生命、自分の存在のためにのみ配慮している人のことであり、メタノイアすなわち回心とは、その配慮を神に委ねきることをいっているのです。

回心する、または悔い改めるという日本語に訳されているこのメタノイアというギリシャ語は、「神の国は近づいた。悔い改めて福音を信ぜよ」(『マルコ福音書』一章一五節)というイエスの宣教の主題にも含まれている言葉ですが、決して普通に考えられているように、こんなことをしてしまった、あんな悪いことはもうしないようにしよう、というような日常生活上の個々の非道徳的な行為に関係しているのではなくて、私たち自身の全存在を神の方向に向け直し、神に配慮をあずけきる、俗な言葉でいえば、下駄《げた》をあずけるという姿勢への方向づけをいっているのです。

もちろん明日癌だと宣告されれば、こんなことをいっていても、私自身も真青になりジタバタ見ぐるしく立ちまわるだろうと思います。あるいは案外と静かにこの宣告を受けられるかもしれません。それは今の私にはわかりません。ただ下駄を神にあずけきってしまおうと決心した以上は、安心があたえられるか、迷いがあたえられるかさえ、私たちは神に委ねてしまうべきものだと思います。

〝我山を見、山我を見る〟という禅家の言葉があります。私が山をみるだけではない、山もまた私を見るのだ、というこの短い一句は、実につまらない小さな己れに住しない、底というもののつきぬけたヒロビロとした心の世界をいいあらわして妙であると思います。もちろんだれでもなれればこういう境地になりたいにきまっているでしょう。〝何をくよくよ川ばた柳〟などといって強がってみても、いっているそばから気になることは雲のように湧いてくるし、しゃくにさわって仕方のないことが次々に起こってくる私たちの人生です。

雲の大好きな私は、雲を見ながらいつも思います。〝雲無心にして岫を出で、鳥飛ぶに倦んで還るを知る〟というような心、雲の心になれればどんなにいつも暖かく広く人々に接することができるだろう、と。そうさせていただければそれにこしたことはない、しかしそれは神の問題です。たいせつなことは、その境地を獲得しようとすることではなくて、なれかし一筋に自分の身を飛込ませる決意であると思います。

私たちはあまりにも己れにかかずらいすぎて、結局は臆病になってしまい、ポンと両足をプネウマの上にのせきることができないでいるのです。プネウマが、主―客の対立を超えているがゆえに無と呼ばれるべきものであるとすれば、このプネウマに両足をあずけきった心は、無住心とでも呼ぶことができるでしょう。小さな己れの上に両足を構えてしがみついていて、この無住心の世界に入ることができず、またその決心をも自分にくだすこともできないでぐずぐずとしているのが私たちの姿であろうと思います。

鈴木大拙が『禅と日本文化』という本のなかで記している、さとりというおもしろい動物の話があります。ある樵夫《きこり》が木を切っているところへ、小さなさとりという動物があらわれました。人の心を読むことのできるこの動物は、やがて樵夫をからかい始めました。〝おい、お前、へんな奴がでてきたから生捕りにしようと思っているだろう〟。驚いた樵夫が、殺してやろうと考えると、すぐ動物は、〝おい、殺してやろうと思っているな〟、といった調子です。もうこの動物を片づけることの不可能をしった樵夫が、自分の仕事を続けようと考えていると、その考えもみんな動物に読まれてしまうのです。動物のうるさいからかいと読心術にすっかり疲れはててしまった樵夫は、もうこんな奴のいうことには耳をかさないことにしようと決心して、一心不乱に木を切り始めました。そしてふと気がついてみると、樵夫の斧の頭が柄から飛んで、鮮やかに動物をうち殺してしまっていたというのです。

どんなに人の心を読むのに巧みなこの動物も、無念無想になって斧を振りおろす樵夫の考えは読むことができなかったという話なのですが、この樵夫の教訓は、私たちのなれかし一筋になりきろうとする任せの姿勢にも、たいへん多くのことを教えていてくれるように思います。

まず動物を退治してしまってから木を切ろうと思っているうちは、動物を追いまわすのに疲れてしまうだけで、動物もつかまらなければ木も切れません。そうではなくて、動物を獲得してやろうというようないっさいの思い煩いや虚栄をも、とにかく包み袋に包みこんでしまって、その包み袋もろとも、ポンと自分を無心にして投げだすことが、結局は動物をも獲得する結果になるということだと思います。


イエスと同じように、イエスと一緒に、もし私たちが心の底から〝御旨のままになれかし〟（どうぞお望みのようになさってください）と祈ることができたなら、どうしようもない我というものがストーンと落ちて、広い自由な向う側にスーッとでることができるのでしょう。

しかしこの〝なれかし〟を祈ることには、それだけの覚悟と勇気とがいります。無条件のなれかしという祈りを捧げるためには、よしイエスの十字架の死が私自身のためであるとわかっていたとしても、〝おまえは癌でもうあと半年の生命だよ〟ということも、〝お前の子供の生命は来年私がいただくよ〟ということでも、すべて無条件でなれかしといって受けとる心構えがなければならないからです。

すべてお望みの通りになさってください、といっておきながら、急に、それは困ります、それだけはやめてください、と頼むことはおかしなことでしょう。

もちろんその時にはその時の恵みと力とがあたえられるはずであって、何がおこってくるのか、何が神の望みなのかなどということをいろいろ考えて、とても私にはおそろしくてできない、などということ自体が、「わたしから離れては、あなたがたは何一つできないからである」（『ヨハネ福音書』一五章五節）「あなたがたの父の許しがなければ、その〔雀の〕一羽も地に落ちることはない」（『マタイ福音書』一〇章二九節）というイエスの言葉を信頼しないことからおこってくるものであることは確かです。

そこを一歩踏み超えなければならないのだと思います。

十六世紀にスペインの改革カルメル会という修道会を創立したテレジア[1]は、その著『完徳への道』の第一二章で、病気になること、死ぬことなどをこわがっているような者は、神との一致に到ることはできない。そのような者は神との一致に到達することをあきらめて会から出て行くがよい、というような、たいへんに厳しい言葉を述べています。

また道元禅師が弟子の孤雲懐奘《えじょう》に語った言葉を記した「正法眼蔵随聞記」のなかにも、次のような厳しい言葉がみられます。

> あとあとの事や、明日のくらしのてだてを考えて、捨てるべき世を捨てず、修行すべき道を修行しないで、だいじな日夜をむだに過ごすのは残念なことである。ただ思い切って、明日のくらしのてだてがないなら、餓え死にしてもよい、こごえ死にしてもよい、とにかく今日一日、仏の道を聞いて、仏の心にしたがって死のうと思う気持を、まずおこすべきである。その上で、仏道を行じ得ることは間違いない。
>
> この気持がないと、俗世にそむいて道を学んでいるように見えても、やはりしりごみをして、暑い時、寒い時の衣服などのことを内心気にかけ、明日、来年のくらしむきを考えながら仏法を学んでいては、どんなに長い間生まれかわり死にかわりして学んでも、目的を達することがあろうとは思われない。
>
> （「正法眼蔵随聞記」三・一三。『古典日本文学全集14』筑摩書房、一九六二年、213—214頁）

1　一五一五—八二年。カトリックの聖人。大テレジアとも言われる。十字架のヨハネとともに、改革カルメル会を発足させた。

まことに我が身を振り返ってみて恥ずかしくなるような禅師の厳しい言葉だと思います。

こわい、こわいといって逃げたり、ほんとうかなと思って迷ったりしているから駄目なのだ、無心になり、幼心《おさなごころ》に立ち返って、後を振り返らずになれかしの中に飛び込め、そうすれば自由闊達の境に出る、それが二人のいいたかったことであろうと思います。私流にいえば、永遠の生命―場と完全に感応依存の関係にはいれて、支点を小さな己れから永遠の生命―場の因たるプネウマに移し切ることができるということになるのだと思われます。

〝両万鋒を交へて避くることを須《もち》ひず〟というのは、幕末の剣士山岡鉄舟の言葉だといわれていますが、助かりたい、助かりたいと必死になっているうちは助からない、かえって死を覚悟し死の中へ自分で飛び込んでいったとき、初めて死を突き抜けて向う側に世界が開けてくるということだと思います。これは何も死に限らないのでしょうが、私たち生きている者にとって死ほどおそろしいものがないので、〝死して生きる〟という言葉もうまれてくるのであろうと思われます。

「自分の命を救おうと思う者はそれを失い、わたしのために自分の命を失う者は、それを救うであろう」（『ルカ福音書』九章二四節、『マルコ福音書』八章三五節、『マタイ福音書』一六章二五節参照）というイエスの逆説的な言葉は、次に掲げる一節とともに、幼児の如き信頼をもって任せきって飛ぶということの必要さを強調したものだと思います。

またほかの人に、「わたしに従ってきなさい」と言われた。するとその人が言った、「まず、父を葬りに行かせてください。」彼に言われた、「その死人を葬ることは、死人に任せておくがよい。あなたは、出て行って神の国を告げひろめなさい。」またほかの人が言った、「主よ、従ってまいりますが、まず家の者に別れを言いに行かせてください。」イエスは言われた、「手をすきにかけてから、うしろを見る者は、神の国にふさわしくないものである。」

（『ルカ福音書』九章五九―六二節）

たしかに秋の空のようにスカーッとした自由の境地に達するためには、永遠の生命―場に感応依存しそれを已れの体験とするためには、任せ切って飛ぶ勇気と決断が必要だということはよくわかります。しかしそれでもなお、私の心には、何かすっきりしない疑問のようなものが、雲のように湧いてくるのです。

これでは駄目だ、しっかりしなければ、そう思いながら、それでもなお決断する勇気も持てず、さりとてそれでいいんだと居直る力も持てず、ずるずると弱さに流されているのが、私たち凡人の哀しさではないのでしょうか。

私が最初に水泳をならったのは、たしか小学校三年の夏休み、千葉県の館山の海岸ででした。同宿のある大学生が、私とまだ小学校にあがっていなかった弟とに水泳を教えてくれたのでしたが、最初に彼が私たちに習わせようとしたのが〝面かぶり〟という姿勢でした。人間の身体はほんとうは水より軽いもので決して沈みはしない、だから頭までちゃんと水の中へ入れさえすれば身体は必ず水に浮く、見ててごらん、そういって彼は何度も面かぶりの手本を見せてくれました。ところが、さあ、やってごらん、といわれても、私にはこわくてなかなかできないのです。手をのばして両足を海の底から離して身体を水の中に投げだすという動作が、何かブクブクと沈んでしまうのではないかという恐怖をともなって、こわくて仕方がないのです。決心して両足を離した途端に、ぐっと身体が沈みこみそうになるので、あわてて顔を水面上にあげてしまい、その結果、ほんとうにブクブクして塩からい海水をしこたま呑み込んでしまうという始末でした。そのこわさがまた重なって、どうしても両足を海底から離せないで困ったものでした。

実際に大丈夫だと手本を見せられていても、臆病で弱い人間は、どうしても一気に決断し実行することができないのではないでしょうか。

「モキチは強か。俺《おい》らが植える強か苗のごと強か。だが、弱か苗はどげん肥《こや》しばやっても育ちも悪う実も結ばん。俺のごと生れつき根性の弱か者は、パードレ、この苗のごたるとです。」

これは遠藤周作氏の小説『沈黙』のなかにでてくる裏切者キチジローの言葉です。キリシタン迫害時代の長崎では、奉行の手が隠れ切支丹にも及び、キチジローの仲間であった百姓たちも、次々にキリストの像の描かれた絵を足で踏むことを拒んで信仰に殉じて死んでゆきます。しかしキチジローだけは、どうしてもおそろしくて殉教することができません。恐怖のために師を裏切り、友を売って、山の中を野良犬のようにさまよい歩いているキチジローは、それでも己《おの》が心の重さに耐えかねては神の前に詫びます。しかし、現実に恐怖が迫ってくると、またまた弱さに負けて、裏切りの行為を重ねてゆきます。

私たち人間の目から見れば、キチジローのような男は、人間の屑であり、どうしようもない男であり、不潔な穢《けが》らわしい人間でしかないでしょう。あっちへ行け、心の中で少なくともそう叫びたくなるのが普通でしょう。

しかし神がキチジローを見る目は、人間のそれとはまったく違っているように思います。放蕩息子の帰宅をこの上なく喜び、彼を善良な兄の前で弁護する父親のように（『ルカ福音書』一五章、80―81頁参照）、迷った一匹の羊をどこまでも探しまわる羊飼いのように（『ルカ福音書』一五章、81頁以下参照）、義人をではなく罪人を招いている神は（『マルコ福音書』二章、143頁参照）、いつも重苦しい気持で胸を叩いているキチジローのような哀しく弱い者に、いつも限りない悲愛《アガペー》のまなざしを注いでいるのです。

さらに振り返ってみて自分自身の心を考えてみれば、私は絶対にキチジローのようにはならぬと神の前に断言できる人が果して何人いるのでしょうか。

生きていかなければならない、家族を養わなければならない、親を悲しませることはできない、などなどの理由で、毎日の日常生活の中で小さな踏絵を続けているのが、むしろ私たち凡人のやるせない生活ではないのでしょうか。

よく福音書を読んでみれば、イエスを裏切ったのはユダばかりではない。程度の差こそあれ、弟子たちもペテロを初めとして皆一度はイエスを裏切っていることに気づきます。おそらく三年に近い間イエスと一つ釜の飯をたべ、イエスを師と仰ぎながら、イエスが捕えられ、重い十字架を荷なわされてカルワリオの丘へと狭いエルサレムの石畳の道を歩まされたとき、弟子たちのうちだれ一人としてイエスの十字架を荷なうのを手伝おうとでてきたものはいませんでした。そしてイエスの死の瞬間になっても、弟子たちはまったく師イエスの伝えようとしたことがわからず、すでに述べたように（164頁参照）、イエスの生前にはほとんどトンチンカンとも思われる対話が繰り返されていたのでした。そして死を翌日にひかえた前晩、最後の晩餐を開いたときですら、まだ政治的救い主を夢見ていた彼らは、だれがいちばんえらいのかをいい争っていたのでした（『ルカ福音書』二二章二四節参照）。

第九章　悲愛の突入

師の死期が間近に迫っていることもつゆ知らず、政治的な王国建設のあとの地位をめぐって、あまりにも人間的な争いを続けている弟子たち、パリサイ派と論争する学識も持たず、しかも生命惜しさに師を孤独のうちに見捨ててしまう弟子たち、その弟子たちを眺めていた最後の晩餐におけるイエスのまなざしは、その弟子たちの姿をとおして、およそ、人間というものの背負っている弱さと生の哀しみとに注がれていたように思います。

聖父からいただいた永遠の生命と、その永遠の生命―場の上に培い養われた悲愛《アガペー》とを、なんとかして弟子たちに、また私たちに伝えたい――その思いにかられて、イエスは自分の形見《かたみ》としてパンと葡萄酒とをとり、自分の生涯の、生命のすべてをそれにこめて弟子たちにあたえたのでした。

わたしは、主から受けたことを、また、あなたがたに伝えたのである。すなわち、主イエスは、渡される夜、パンをとり、感謝してこれをさき、そして言われた、「これがあなたがたのための、わたしのからだである。わたしを記念するため、このように行いなさい。」食事ののち、杯をも同じようにして言われた、「この杯は、わたしの血による新しい契約である。飲むたびに、わたしの記念として、このように行いなさい。」だから、あなたがたは、このパンを食し、この杯を飲むごとに、それによって、主がこられる時に至るまで、主の死を告げ知らせるのである。

（『コリント第一書』一一章二三―二六節）

これはコリントの教会に宛てた使徒パウロの書簡の一節ですが、この一節によっても、パウロが初代教会でおこなわれていたミサ聖祭――初代教会では〝パンを裂くこと〟と呼ばれていましたが（『使徒行伝』二章四六節参照）――について語っていることがわかります。

最後の晩餐の日づけについては、マタイ、マルコ、ルカの三福音書と『ヨハネ福音書』との間に一日のずれがあるため、イエスがユダヤ教の伝統的儀式の一つである過越《すぎこし》の食事をユダヤの慣習に従ってしたのか、過越の食事を一日繰り上げておこなったのか、あるいは過越の食事をする意図はイエスにはなく、普通の食事をイエスはとったのか、聖書学者たちの間にはずいぶん議論があるようです。

過越の食事というのは、ユダヤ人たちがモーセに率いられてエジプトを脱出し、故郷パレスチナに帰ることができたことを記念して、毎年春一週間にわたっておこなわれる過越の祭りというお祭りの際、旧約聖書の出エジプト記を朗読し、種なしパンや苦菜と一緒に小羊を家族そろってたべる食事をいいます。

イエスが最後の晩餐のときに、過越の食事をしたのか、しなかったのか、そのような議論は学者にまかせておけばよいことです。あるいはジョベールという学者のいっているように、当時パレスチナにあった二つのそれぞれ異なった暦を、福音書の記者たちが使ったのかもしれません。

いずれにしても、たいせつなことは、さあ、飛びこんでおいでといって、放蕩息子を迎える父親のように手をひろげて待っているアッバ（父）としての神のふところにも思い切って飛び込んでゆけず、祈れといっても他のことを考えたり眠りこけたりしてしまう（『マタイ福音書』二六章四〇節参照）、哀しい、弱い私たちのために、死を前にしてイエスがこのミサを制定したのだということです。

祈りができないのならそれでもよい、悲愛《アガペー》の心がないのならそれでもよい、泥まみれの生活から抜け出られないのならそれでもよい、ただ手を合わせて私の方を向きなさい、私はアッバからいただいた私のすべてをこめて、私の方からあなたの方に飛び込んでいってあげる――それがイエスの思いでした。カトリック教会が聖体[1]の秘跡[2]とよぶもののなかには、このイエスの思いのすべてがこめられています。いわば心とからだが切っても切り離せないように、聖体も、イエスとは切っても切れない関係にあるのです。それはたんなるしるし以上のものですが、しかし、聖体も一つのしるしではあります。発煙筒が危険事態を意味し、握手という動作が親愛の情を意味しているように、しるしにはいつも意味があります。その意味を理解しない人間にとっては、しるしは何の価値もありません。聖体も一つのしるしである以上、その意味を理解しえない者にとっては、それは単なるつまらないパンとうつるでしょうが、その意味を理解し信じている者にとっては、それは、意識下に展開していく大きな見えない永遠の生命の働きとなります。そのとき聖体はたんなるしるしをこえて、それ以上のものとなるのです。それは、放送局から電波が送られても、波長の合っていないラジオの受信機には電波は何の反応も起こしませんが、波長の合ったラジオの受信機からは、美しいメロディーが流れでるようなものといえましょう。

聖体のことを思うとき、私の心にいつもふっとわいてくる懐しい思い出があります。

私がまだフランスでリールの大学に通っていたころ、友人のスイス人の学生で、いつも古ぼけた聖書を肌身離さずに持って歩いている学生がいました。訳も古くてよくないし、装丁もぼろぼろになっている聖書をなぜ彼がたいせつにしているのか、私には不思議で仕方がありませんでした。

ある年の夏、数人で南アルプスの高原に行ったとき、二人になった機会をみつけて、私は思いきって、な

1　カトリックにおいて、聖別されたパンのことをいう。キリストがそのなかに現存しているとされる。

2　キリストの救いの目に見えるしるし。「サクラメント」と称されることもある。カトリックには、七つの秘跡がある。

ぜもっとギリシャ語の原典に忠実できれいな訳の聖書を持たないのか彼にきいてみました。

少し恥ずかしそうに、彼が説明してくれたのは、次のようなことでした。

彼の家は貧しい農家で、そのうえ子供が多く、彼の母はずいぶん苦労をしたようでした。あまり苦労したせいか、まだ彼が二十歳にもならない頃に亡くなってしまいました。その母は、亡くなるまえに、当時すでに神父になることを志して神学校に入っていた彼に、形見としてその聖書を残してくれたのでした。それは彼の母が嫁に来るときに持ってきた聖書で、彼の母は毎日、辛い日も苦しい日も嬉しかった日も、少しずつその聖書を読んで力づけられていたということでした。他の人にとっては、読みにくくて、不正確で、その上汚らしい聖書であっても、彼にとっては、その聖書は、母親の生涯のさまざまな思いのこもった聖書であり、絶対に掛け替えのないものなのでした。彼自身、辛い時も苦しい時も、この聖書を繙くことによって、何か新しい力と希望とをもらうような気がしているのだということでした。この古ぼけた聖書は、他の人にとってはまったく価値のないものではあっても、亡き母親との愛情を生きている彼にとっては、掛け替えのない形見であり、彼に力をあたえてくれる母の愛情のしるしだったのです。

永遠の生命―場の働きそのものになりきっているイエスの形見と、永遠の生命―場と感応依存の関係にも充分になりきれない私たち普通の人間の形見との間には、質的な差があることはもちろんです。しかし、その意味をしらない人には何の価値もないしるしが、その意味を知っている人にはどんなに深い価値を持つものであるかということをこの思い出の中に感じ取って、私はミサのことを考えるときこの友人の聖書のことを思い出すのだろうと思います。

〝十字架の愚〟というパウロの言葉がありますが（『コリント第一書』一章一七節以下参照）、疑いが湧いて来たら、その疑いをひとまず心の風呂敷でつつんでしまい、自分の罪や汚さや自己嫌悪が気になったら、それも心の風呂敷でつつみこみ、とにかく童心に立ち返って無心に両手を合わせて、聖体にこめられたイエスの来訪を受けとめること、それが永遠の生命―場に支配され、悲愛《アガペー》の喜びに導かれるためにもっともたいせつなことだと思います。

信仰生活とは、ひっきょう掌を合わせることに始まり、掌を合わせることに終わるのだということをしみじみと痛感します。

あのイエスの言葉が最後までわからずトンチンカンだった弟子たちが、なぜみんな喜んでイエスのために命を捧げるまでの、生き生きとした生涯が送れるようになったのか、いま一度それについて考えてみたいと思います。

使徒とよばれている弟子たちの姿勢のなかには、イエスを銀貨三十枚で売ったユダや多くのユダヤ人の民衆たちとは、はっきりとちがった一つの心の姿勢が貫かれていたように思います。イエスの言葉が何を言っているのか、イエスが何のために十字架で死ぬようなことになるのか、わからないという点では弟子たちも他の人たちも同じでした（164頁参照）。しかし、弟子たちには、たとえわからなくても掌を合わせて、先生イエスのおっしゃることならそれに従おうという姿勢がありました。そこに弟子たちの生涯を貫く、もっとも素晴らしい尊い一点がありました。

さて、群衆が神の言《ことば》を聞こうとして押し寄せてきたとき、イエスはゲネサレ湖畔に立っておられたが、そこに二そうの小舟が寄せてあるのをごらんになった。漁師たちは、舟からおりて網を洗っていた。その一そうはシモンの舟であったが、イエスはそれに乗り込み、シモンに頼んで岸から少しこぎ出させ、そしてすわって、舟の中から群衆にお教えになった。話がすむと、シモンに「沖へこぎ出し、網をおろして漁をしてみなさい」と言われた。シモンは答えて言った、「先生、わたしたちは夜通し働きましたが、何も取れませんでした。しかし、お言葉ですから、網をおろしてみましょう。」そしてそのとおりにしたところ、おびただしい魚の群れがはいって、網が破れそうになった。そこで、もう一そうの舟にいた仲間に、加勢に来るよう合図をしたので、彼らがきて魚を両方の舟いっぱいに入れた。そのために、舟が沈みそうになった。これを見てシモン・ペテロは、イエスのひざもとにひれ伏して言った、「主よ、わたしから離れてください。わたしは罪深い者です。」

（『ルカ福音書』五章一―八節。傍点筆者）

ガリラヤ湖は四方が丘に囲まれているためか、風向きが変りやすく、さすが子供の時から漁にでていたベテランのペテロたちも、その夜は一匹の魚もとることができませんでした。そこへイエスが来て、沖に出て網をおろせというのです。いくらイエスが立派な人であっても、イエスは大工をして生計をたててきた人です。漁にかけては、ペテロたちの方がはるかにゆたかな経験と知識を持っているはずです。

冗談じゃありません。私たちが夜中働いても一匹もとれなかったのです、いくら先生がえらいからといっても、大工のことならともかく、漁にかけては私たちのほうがはるかによく知っています。いまさら沖に出て網をおろしたって魚一匹とれるはずはありません――当然ペテロはそう心の中で反論したことだったでしょう。しかしそれにもかかわらず、ペテロはとにかくイエスの言葉に従いました。

「お言葉ですから、網をおろしてみましょう」。

魚がいっぱいとれたのを見たときに、先生のお言葉を疑って悪うございました、私はほんとうに罪人です、そういって平伏するペテロの姿に、私たちはそのかんの事情を察することができるように思います。

この奇跡物語は、歴史的出来事を私たちに伝えようとしているのではありません。イエスがいかに神の力と恵みに溢れている立派な方であったかということ、およびこの弟子たちの姿勢の大切さを伝えようとしているのです。

この弟子たちの姿勢は、イエスの死後の、聖霊降臨と呼ばれている出来事のときにもうかがうことができます。（もっとも、復活・昇天・聖霊降臨という図式を明白に区別された歴史上の出来事のごとくにうちだしているのはルカだけであって、『ヨハネ福音書』では、聖霊は復活したキリストによって使徒たちに与えられています。――『ヨハネ福音書』二〇章二二節参照――。したがって私たちは、復活・昇天・聖霊降臨というものを三つのちがった出来事として考えるべきではなくて、一つの救いの出来事の三つの側面としてとらえるべきでしょう。）

食事を共にしているとき、彼らにお命じになった、「エルサレムから離れないで、かねてわたしから聞いていた父の約束を待っているがよい。すなわち、ヨハネは水でバプテスマを授けたが、あなたがたはまもなく聖霊によって、バプテスマを授けられるであろう。」（『使徒行伝』一章四―五節）

イエスが十字架上で死んだとき、イエスの生涯の目的はそれによって成就《じょうじゅ》したと考えた人は一人もいませんでした。反対派のパリサイ派やサドカイ派[3]はこれでやっと厄介者を始末したと安堵の胸をなでおろしていたでしょうし、弟子たちは、これですべてが失敗に終ってしまったと落胆していたことだったでしょう。そのとき弟子たちの頭をかすめたものは、このままエルサレムに残っていてはどうなるかわからない、故郷ガリラヤに戻って生活をやりなおそう、というようなことだったと思います。エマオの村でイエスに会った弟

3　前二世紀頃にできた、ユダヤ教の一派。貴族階級の人々が多かった。紀元七〇年のエルサレム神殿崩壊とともに消えさった。

子たちも、そのような思いでおそらくは自分の故郷に急ぐところだったのでしょう（122―123頁参照）。

しかし弟子たちはエルサレムに留まったのでした。

殺されるのがおそろしくて、イエスの十字架を荷なうのを手伝いにもでなかった臆病な弟子たちが、このままエルサレムに残っていると自分たちまでどうなるかわからない、殺されてしまうかもしれない、そういう恐怖におびえながら、それでもエルサレムに留まって祈っていたのは、エルサレムに残って聖霊を待ちなさい、という師イエスの言葉があったからでした。

『ヨハネ福音書』の一四章には、イエスが聖霊について弟子たちに語った言葉がのっています。しかしそのときも、まだ政治的救い主を夢見ていた弟子たちは、聖霊が来るなどということがどういうことか、まるっきりわかってはいなかったのでした。

イエスが何をいおうとしておられるのかは、弟子たちにはわかりませんでした。しかし、エルサレムに残って祈っていなさいという師イエスの言葉に、わからないながら弟子たちは従ったのでした。その愚かなままでの、幼子の信頼の姿勢の上に聖霊は降《くだ》ったのでした（聖霊については、97頁以下参照）。

聖霊を受け、復活のキリストを体験した弟子たちがいったい何を受けたのか、それは弟子たち自身おそらく言葉で説明することはできなかったでしょう。ただ弟子たちがそのとき以来、深く永遠の生命―場の働きと感応依存の関係に入ったことは確かです。師イエスの生涯と言葉の意味を悟った弟子たちは、『使徒行伝』二章以下が示しているように、そのときから生命を賭けて、師イエスの福音を述べ伝えるようになったのでした。

中国やわが国において、もろもろの智者たちが論じていられる観念の念でもない。また、学問をして念のことわりをさとって申す念仏でもない。ただ、往生極楽のためには、南無阿弥陀仏ともうして、うたがいなく往生するのだと思いとって、申すよりほかには別のいわれはないのである。（中略）念仏を信ずるであろう人は、たとい釈尊御一生のおしえをよくよく学んでいようとも、一文不知の愚鈍の身になりきって、尼入道のごとき無智のともがらとひとつになり、智者のふるまいをすてて、ただ一向に念仏するがよい。

（「一枚起請文」『古典日本文学全集15』筑摩書房、一九六一年、143頁。傍点筆者）

これは有名な法然上人の「一枚起請文《きしょうもん》」のなかの一節ですが、知恵第一の法然房と呼ばれていた上人が、長い苦しみと迷いの後に到達された信仰の極地が、この愚かな心になることを強調されている短い一文に躍如としていると思います。

次に掲げる手紙は、遊行聖《ゆぎょうひじり》といわれた、時宗の創始者一遍上人の興願僧都《そうず》という人にあてた手紙です。私はこの手紙のなかに、あらゆる複雑な要素が取り除かれた信仰というものの真髄が、日の光に輝く水晶の一片のように美しく輝きでているように感じます。

長さをいとわずここに引用したのも、私が最初にこの手紙に接したときの感動をいまだに忘れることができないからです。

いったい、念仏の行者の心がまえについてのおたずねであるが、南無阿弥陀仏ともうすほかには、あらためていうべき心がまえもなく、また、このほかに示すべき安心もないのである。もろもろの智者たちは、さまざまにおしえの要旨を説いているけれども、それらはみな、もろもろの惑いにたいする、仮りの、そして、初歩の注意である。だから、念仏の行者は、そのようなことをも打ち捨てて、ただ念仏するがよい。むかし、ある人が、空也上人に念仏はいかが申したならばよいかと問うたことがある。その時上人は、ただ「捨ててこそ」と答えて、そのほかには、なにごとにも仰せられなかったと、西行法師の『選集抄《せんじゅうしょう》』にみえている。これは、まことに立派なことばである。念仏の行者は、智慧をも愚痴をも捨て、善悪のけじめもすて、貴賤高下の道理もすて、地獄を恐れる心もすて、極楽を願う心もすて、また、諸宗の知見もすて、あらゆることを捨ててもうす念仏こそが、世にたぐいなき阿弥陀仏の本願にかなうのである。そのように、打ち捨て、打ち捨てして念仏をとなえれば、仏もなく、われもなく、ましてや、とかくの道理の介入する余地もないのである。善悪の境界、すべて浄土である。外に求むべきものもなく、厭うべきものもなく、すべて、生きとし生けるもの、山河草木、吹く風、立つ浪の音にいたるまでも、念仏ならざるはないのである。人間だけが、世にたぐいない本願にあずかるのではない。また、かように申すわたしのことばが理解しがたいというならば、理解しがたいままに、わたしのことばも打ち捨てて、あれこれと推察せずして、ただ本願にまかせて念仏されるがよい。念仏は、安心して申しても、安心せずして申しても、世にたぐいない他力の本願にたがうことはない。阿弥陀仏の本願には、欠けたることもなく、あやまれることもない。そのほかには、なんの用心すべきことがあろうか。ただ、愚かなる者の心にたちかえって、念仏されるがよいのである。南無阿弥陀仏。

（「消息法話」『古典日本文学全集15』筑摩書房、一九六一年、213―214頁。傍点筆者）

イエスの生涯はともかく、私も同じ道を志す一求道者として、法然上人をはじめ偉大な宗教者の生涯にせっして、ずっと以前から驚嘆しまた不思議に思っていたのは、彼らの一見無慈悲とまで見えるような勇気と強さというものが、どうしてあの思いやりのあるやさしい人格から出てくるのだろうか、という点でした。

自分の教え、自分の生涯によって、自分と出会う人たちの人生を決定的に変えてゆくということがどんなにおそろしいことであるかということを感じないほど、鈍い人たちだったとはとうてい考えられません。そんな鈍い心からは、私たちがおよびもつかないような、あの思いやりやさしさがうまれてくるはずはありません。自分によってこの人たちの人生の運命が変わることを知りながら、自分と出会うことがなければ平凡に普通の人生をおくることができた人たちが、自分のために拷問にかけられ、火に焼かれ殺されてゆくのを知りながら、あえてその人の運命を変えてゆく強さというものが、あのやさしい人格のどこから来るのかということが私には何としても不思議でした。

どうせ人生なんてそんなものだ、生きるということは何らかのかたちで人を踏みつけていることで、人を踏みつけずに人生を歩こうなんていうのは傲慢だ、というような単純な開き直りでとうてい理解できるものではないように私には思えました。

私の読んだ伝記によれば、法然上人は、いわゆる上人や弟子たちの配流《はいる》にまでおよんだ建永の法難のとき、自分や弟子たちへの制裁の告げを聞きながらも、平然と念仏をとなえていたということです。またその頃は、上人のとなえた専修念仏のために、逮捕されたり拷問にかけられたりした人たちも大勢いたようです。なかには殺された人たちもいたことだったでしょう。もし上人が専修念仏の教えを撤回して、延暦寺や興福寺の僧たちの前で自分の説を非として謝罪すれば、弟子たちやその他大勢の人々はそのような苦しみを受けなくてすんだはずなのです。

そこが信仰の強さなのだ、といわれれば、まったくそうでしょう。しかしそれでも私には、何かもやもやとして少しわからない点が残っていました。

もちろん、専修念仏以外ではいっさい救いはない、というのなら私にもわかる気がしました。しかし上人自身、天台や真言の聖道門では決して救われないとは考えていなかったと思うのです。

当時法然の浄土信仰と専修念仏に対してもっとも厳しい批判をくわえていたのは、高雄栂尾《とがのお》の高山寺の明《みょう》恵《え》上人でした。明恵上人は念仏を否定したわけではありません。ただ高僧の名声高く、己れを持すること厳しかった明恵上人にとって、〝破戒無戒の人〟をそのまま容認するようにみえる法然以下の立場は我慢できないものがあったのでしょう。

高雄の高山寺には、弟子の恵日房成忍が描いたといわれる上人の座禅像の絵があります。山中の一樹、一石、上人が坐禅しなかった場所がなかったといわれるほど、自然を己れの場として坐禅に励んだ上人が、リスや鳥と一緒に山中の老松の股を禅床として静かに瞑想している図です。この図を頭に描きながらひとり静かに山中を歩いてみた私は、まったく何の抵抗もなく大自然のなかの一つになりきっている明恵上人の生涯の素晴らしさに、ほれぼれとした暖かな気持に包まれたことを覚えています。

法然ほどの人がこの明恵の真実がわからなかったはずはない、と私は思います。だからこそ、弟子たちが拷問されるために連行されてゆく後姿を見送る法然の慈悲のまなざしの奥に隠されているものが、私には何かつかみがたいような気がしていたのです。

私なら、肉親や可愛い弟子たちが目の前で連行され拷問されるのを見たら、自分さえそれを撤回すればいいのだと考えて、すぐにも自説を撤回してしまうのではないかと考えたとき、私には上人のその強さが、不思議なほどのまぶしさをもって迫ってくるのでした。

十数年前の冬のある朝、聖堂の椅子に坐ってぼんやりと冬の曇り空を眺めながら、私は心の中でその数日前に読んだ法然の『選択集《せんじゃくしゅう》』の一節を思いおこしていました。

かようにして、念仏は易しいから、すべての人に通ずる。もろもろの行は、難しいから、たれにでもというわけにゆかない。だから、生きとし生けるものを、すべて、ひとしく往生させようがためにこそ、難をすて易をとって、これを本願としたのであろうか。

そもそも、もしも、仏像をつくり塔をたてることを本願としたならば、貧しい人々はまったく往生ののぞみはない。しかも、富貴の人はすくなく、貧賤のものはおおい。もしも、また、智慧あり才たかきことをもって本願としたならば、無智にして愚かなものは、まったく往生ののぞみはたたれるであろう。しかるに、智慧あるひとはすくなく、愚かなるものはおおい。また、もしも、見聞ひろく知識ひろきことをもって本願としたならば、見聞あさく知識あさいものは、まったく往生ののぞみはなくなるであろう。しかも、多聞のひとはすくなく、薄聞のものはおおい。あるいはまた、もしも、よく戒律をたもつことを本願としたならば、どうであろうか。破戒のひと、無戒のものは、まったく、往生ののぞみをうしなうであろう。しかるに、戒をたもつひとはすくなく、戒を破るものはおおい。その他もろもろの行についても、またおなじである。そのように、それらもろもろの行をもって本願としたならば、往生をうるひとはすくなく、往生できぬものはおおい。だからこそ、阿弥陀如来は、そのむかし法蔵比丘であらわれたとき、すべてのものにひとしく慈悲をかけ、あまねく一切のものを抱きとらんがため、造像、起塔などのもろもろの行を本願とせず、ただ、称名念仏の一行のみをもって本願としたのであった。（「選択本願念仏集 第三」。『古典日本文学全集15』筑摩書房、一九六一年、123―124頁）

――お金のある人は寺に像を寄附したり、献金をしたりして救われることができよう、頭が良く学識のある人はその学識の深さや知恵の使い方によって救われることができよう、それらがなくても、意志が強く環境に恵まれている人たちは、立派に戒律をまもることで救われることもできるだろう。しかし私たちのように、金もなく頭も悪く学識もなく意志も弱く、いけないいけないと思いながらも欲と人情に流されている者はどうしたらよいのか、結局私たちのような者はどんなに救いを望んでも、結局は高嶺《たかね》の花としてあきらめなければならないのか――この貧しく無知で弱い人たちの慟哭の叫びは、いつも法然の心をうずかせ続けていたのにちがいありません。

しかし、この叫びに応えて念仏一途の道をとなえれば、今度は愛する弟子たちが拷問や流罪の苦しみを背負わなければならない、法然の心が慈悲に富んでいればいるほど、彼はこの悩みにもだえ続けたのではなかったのでしょうか。

そんなことをぼんやりと冬の聖堂で考え続けていた私は、ふとそのとき、まったくあたりまえなことでありながら、そのときまで気づいていなかったことに思いあたったのでした。それはキリスト者なら誰でもしっている、イエスの弟子パウロの「生きているのは、もはや、わたしではない。キリストが、わたしのうちに生きておられるのである」という『ガラテヤ書』のなかの有名な一節でした(『ガラテヤ書』二章二〇節参照)。

そうだ、〝私なら専修念仏の教えを一時撤回しただろう〟と私が考えていた、その私ならというのが法然においては脱落しているのだ、私というものが脱落していたからこそ、法然は弱い人間の呻きをあれほどまで強く聞くことができたのだし、弟子たちが連れ去られるのを前にして、平然と南無阿弥陀仏を唱えていることができたのだ、そう気づいた私は、いてもたってもいられない思いにとりつかれていました。

申し訳ないと思いながらも、その日の授業を休講にした私は、ひとり比叡山にむかいました。

その日、今にも降りそうにどんより曇っていた空からは雪が降り始め、私が根本中堂を訪れたときは、もうあたり一面はうっすらと白い雪化粧におおわれていました。

しんしんと降る雪のなかをドライヴウェイをさけて、東塔から西塔へ、さらに横川へと私はひとり雪の山路を歩きました。信長の叡山の焼打ちの際にも焼失を免《まぬか》れたといわれる瑠璃堂が、雪の中で田舎の少女を思わせるような清楚なたたずまいを見せていました。肩につもる雪を払いながらその傍を過ぎ、ひとり黒谷の青龍寺に向かう道で、私は一人の友人の言葉を思い出していました。〝あなたはいい人間だ、しかしあなたには勇気がない〟。

——イエスに従う者は、パリサイ派のように法の弁護者であるよりも前に、まず人の哀しみを己れの上に感じとる悲愛《アガペー》の心を持たねばならない。以後決して罪を犯すまい、罪を犯すよりは死をえらぶというようなことが神の前で告白できる人は特別に強い人だけだ、弱い者はまた泥の中に落ちるであろう自分を哀しげに眺めることしかできないのではなかろうか。五十人いるところには、かならず五十番目の人間の涙がある。百人集まっているところには、かならず百番目の人間の哀しみがあるはずだ。どんな社会がこようと、これだけは変わるはずがない。強い者、法の優等生だけしかイエスの招く門をくぐれないとしたら、哀しい者たちが神のふところに飛び込んでゆくのを妨げているものは、イエスではなくその門を管理していると思っている私自身ではないのか――そのような思いが、「負い切れない重荷を人に負わせながら、自分ではその荷に指一本でも触れようとしない」（『ルカ福音書』一一章四六節参照）というイエスの言葉とともに、深く私の心にのしかかってくるのでした。

　群れからはぐれてしまったのか、一羽の山鳥が急に羽音を立てて、もう真白になっている雑木林から飛び立っていきました。

あとがき――『日本とイエスの顔』をふりかえって

人には誰でも忘れられない思い出というものがある。そしてその思い出と関係深い場所も、フィルムの一齣のように、その人の心にしっかりと焼きついていくもののようである。

ＪＲ飯田橋駅のプラットホームも、こうして私には、なつかしいような、いとおしいような思い出の場所となっている。

今からもう十四年もまえの九月のある日の午後、私はずっと飯田橋駅のプラットホームのベンチに腰を下ろして、何台も何台もくる電車を見送っていた。九月も半ばをすぎたというのに、まるで真夏のように蒸し暑い日であった。

北洋社という出版社の阿部社長さんと会う約束であった私は、まあまあ駄目なら仕方がないや、というような気持ちはあったものの、やはり緊張のせいか、約束の時間よりも四十分近くもまえに飯田橋の駅についてしまっていたのだった。ときどきポケットからハンカチを取り出して額の汗を拭きながら、約束までの時間をホームでつぶしていたわけなのである。

一九五〇年にフランスに渡り、カルメル会という修道会に入会した私は、それからの七年半近くにおよぶ滞欧の生活のなかで、痛烈にヨーロッパ文化の歴史の持つ重みというものを感じさせられていった。その結果として、日本人の心情と感性でイエスの教えをとらえなおさないかぎり、決して日本にキリスト教は根を下ろすことはないと確信するに至っていた。私自身がどうもヨーロッパ・キリスト教の求道性や神学になじみきることができず、どこか身体に合わない借り物の服をきているような居心地の悪さをぬぐいきれないでいたからである。

しかし、カルメル会を脱会して日本に帰国し、日本のカトリック教会の司祭になろうとして神学校に入学した当時の私には、一体どうすれば日本人の心情でとらえたイエスの教えを、日本語という素材のうえに凝結させることができるのか、皆目見当もつかなかった。まさに濃霧のなかに立ちつくすような思いだったのである。同じような問題意識を持っている人は、私と同じ船で渡仏した遠藤周作さんを除けば殆ど皆無といってよい状況であった。ただこの、日本人の心情でイエスの福音をとらえなおさなければ、イエスの福音が日本人の心の琴線をかきならすことはないだろうという思いは、小さな教会を転々としてまわり、人々の哀しみや悩みに接するにつれて深まっていった。

初めは茫漠として形も何も全くなしていなかったものが、ぼんやりとではあるが輪郭を少しずつととのえてくるのには、やはりかなり長い苦闘の歳月が私には必要であった。どんなに未熟なものであってもいいから、とにかく日本語という言語のうえにイエスの福音を凝結させてみよう、そう思い立って筆をとってからも、かきあげるまでには更に二年以上の歳月が必要であった。

ようやくにして出来上がった四百枚あまりの原稿用紙を持って、私はまず遠藤周作さんの家をたずねた。どうしても一般の出版社から本をだしたかった私は、渡仏以来親交のあった遠藤さんに、どこかの出版社に原稿の紹介をお願いしたかったからである。

なかなかいい本にはなると思うが、この形式ではちょっと売れる見こみがあまりない。伝記風にかきなおすつもりがあれば考えてみてもよいが、というのが、遠藤さんが最初に頼んでくれた大手のS出版社の四ケ月ばかりたってからの返事であった。

書きなおす意志のない私は、S社からの出版をあきらめることにした。私としては、この著作には、たんなるエッセイ以上の深い思想をもりこんだつもりだったからである。なるほど西欧キリスト教からみれば、私のこの著作はむしろ余りに多くの問題や疑問を呈示しすぎているかもしれないが、しかしこれからの日本のキリスト教はこの方向でなければ駄目なのだ、という自信のようなものを私なりに持っていたからでもある。

長すぎるという理由で四百枚を三百五十枚にけずった原稿を、遠藤さんが次に依頼してくれたのが、実は北洋社だったというわけなのである。

北洋社の好意で、私の原稿は、とにかく翌年一九七六年三月には日の目を見ることになった。私が四九歳のときである。題も『日本とイエスの顔』とされた。私としては「日本におけるイエスの顔」としたかったのだが、長すぎはしないかということで『日本とイエスの顔』にきまったのである。

この本がよく売れ、どんどん刷数をふやしていったことはもちろん嬉しいことではあったが、それよりも何よりも嬉しかったのは、キリスト教とは無関係な全く未知の読者から、五十通をこす賛同と感謝の手紙をいただいたことであった。プロテスタント関係の方からも何通かお手紙を頂いたが、私の属しているカトリック教会関係からは一、二通の手紙を頂いただけであった。理由はよくわからない。今更神父にあてて手紙など書いても仕方がない、というようなことももちろんあったとは思うが、しかしそれよりももっと大きな理由は、『公教要理』とよばれる、カトリック教会の制定教科書で教育されてきたカトリック教会の信者の方々には、やはり私のこの新しい考え方はどうにも受け入れにくいということだったのではないだろうか。

それから五年後の一九八一年、事情があって阿部さんが出版をやめられてからは、『日本とイエスの顔』は講談社から出版させていただくことになった。S社から断わられた作品であることを知ってか知らずか、全く何の注文もつけずに、そのままのかたちで出版をひきうけてくださった講談社には今でも深く感謝している。

確かに既成のヨーロッパ・キリスト教の求道性や神学からすれば、私のこの書物は幾つかの重大な問題点をかかえている作品であるに違いない。そのことは私自身誰よりもよく承知しているつもりである。一般の方々からの言葉が、主として賛同と感謝のものであったのと対照的に、キリスト教を専門としている方々の批判がかなり厳しいものであったこともまた、私の予測した通りであった。

しかし今回、日本基督教団出版局から『日本とイエスの顔』を上梓して頂くにあたって、じっくりと今一度この書を読み返してみて、改めて私は、この書こそが私の思想と生活の原点であることを確認した思いであった。

『日本とイエスの顔』を初めて北洋社からだしてもらって以来今までに、私は十冊あまりの本をかいているが、これらの本はみなこの『日本とイエスの顔』という礎石の上に重ねられていった積石に他ならない。もちろん現在でもなお私は「日本におけるイエスの顔」を求め続けている一介の求道者にすぎないし、私の思索などは極めて粗雑かつ不完全なものにすぎない。しかし私としては、日本人キリスト者としてこの信仰以外には生きられないというぎりぎりの線を生きているつもりであるし、この際、今までの私の思索に対してなされてきた幾つかの批判に対してここで答えておきたいと思う。批判そのものが専門的でもあるので、いきおい答えも専門的にならざるをえない点もあるが、そこのところは御容赦をねがう次第である。

第一は『新約聖書』を、真理そのものを伝える書であるよりも、まずどうしたら永遠の生命が得られるか、を教えた実践指導の書としてとらえたことに対する批判である。イエスを神の子・キリストと信じることによって私たちは救われるのであって、それは救われているという喜びの体験を何ら必要とはしないというわけである。確かに『新約聖書』は、イエスが神の子・キリストであることを教えた書であるし、救いは感覚的な喜びなどとは無関係であるというのもその通りであろう。しかし、イエスをキリストと信じるということは、ただたんに頭で学問的な真理を理解するなどということとは違って、イエスの教えを信じて生きることが要求されるのであって、いわば救いへの道が示されているというべきである。そしてこの信仰の道は、生の歩みと共に深く味わわれていくはずのものであろう。

東方正教会における修道生活の重視や、ローマカトリック教会における修道会の多彩な歴史がそのことを如実に物語っていると思うのである。

キリスト教は、その意味では「キリスト教」というよりも本来「キリスト道」とよばれるべきものなのであって、原始キリスト教団がそれを的確に把握していたことは、次の『使徒言行録』の個所を読めば明白であろう。

「それは、この道に従う者を見つけ出したら、男女を問わず縛り上げ、エルサレムに連行するためであった」（九章二節。傍点筆者）。

この道に従う者とは、前後の文脈からしてキリスト信者のことに他ならない。

第二は、神を「無」としてとらえることについての疑問であって、「一体、無などというものに対して祈れるのか」という問いである。これは、神を「無」としてとらえるということは、神を非位格神《ノン・パーソナル・ゴッド》——私は「人格神」という言葉を避けたいと思っている。というのは、人格神というと恰も神が私たちのような人格を持っていると考えられがちであるからで、折角「三位一体」という言葉が、比喩的な意味で新聞などにも使われるようになったのであるから、こと神に関しては「位格神」と呼びたい——としてとらえているのであって、祈りの対象としての神は位格神《パーソナル・ゴッド》でなければならないはずだというわけなのである。

この問いに対しては、拙著『人はなぜ生きるか』の中の「私にとっての神」という章で、私は比喩をもって次のように説明した。

> いま真暗な闇のなかに一人の人が立っているとします。しかし人間の目には何も見えないわけですから、ただ真暗で何も見えない、真暗だ、というしかないでしょう。そこに人が立っているというこ

とは、〃誰かそこにおられるのですか〃と声を暗闇に向けてかけてみたときに、その人の返事によってわかるわけです。即ち声をだして問うという行為をおこすことにより、答えが返ってきて初めて、人がいるという体験的認識をうることができるわけです。（中略）無としかよびようのない何かにむかって祈るという行為をおこしたとき、初めて人は、ものとしてではなくて、かたとしての神の体験的認識を持つことができるようになるのだと思います。（『人はなぜ生きるか』講談社、一九八五年、79頁）

神はその本質においては、あらゆる概念化、対象化を超えている「言わく言い難き」何か、即ち「無」としかよべないのであるが、しかし働きの次元――神の啓示ということは、この働きの次元に属する――、更にいえば、私たちとの関係の次元においては位格神として私たちに現前するのだ、というのが私の考えなのである（私はこの考えを多分に十四世紀の東方正教会の神学者、グレゴリオ・パラマスに負っている）。そしてこの神の働きを私たちの側から受け入れる行為が「祈り」というものに他ならない。

この神を「無」ととらえながら、しかも祈りの対象とするという考え方は、十三世紀のカトリック教会の思想家マイスター・エックハルトや、井筒俊彦氏の著作によく説明されている十二世紀のイスラムの思想家イブン・アラビーなどの神学を考えれば、別に特におかしいということはないことがわかるはずである。

最後にやはり私が提出している問題の最大のものは、「イエスのとらえた神理解」に対する私の考えであり、そこから生じてくる「旧約」と「新約」の関係の問題であろう。

青春時代、六年も七年も教会のまわりをぐるぐるまわりながら、リジューのテレーズ[1]の求道性に接するま

1　一八七三―九七年。「幼きテレジア」などとも呼ばれる。カルメル会修道女。『自叙伝』などによって、その霊性が広く知られる。井上洋治著作選集第5巻『遺稿集「南無アッバ」の祈り』46頁以下も併せて参照。

では、どうしても教会の門のくぐれなかった私だったのだが、何故私をキリスト教会にひきこむのが、他の人の著作では駄目で、リジューのテレーズのそれでなければならなかったのか、実は長い間私自身その理由がよくわからなかった。しかし二年ほど前「リジューのテレーズをめぐって」というエッセイを書く機会に恵まれ、テレーズに対する考えを整理してみたとき（このエッセイは、山根道公氏との共著『風のなかの想い』に収録されている）はじめて、それまでは漠然としていたものが明白に浮かびあがってきたのである。私自身まさに「あー、そうだったのか」という思いであった。一言でいってしまえば、青春時代にやりきれないような空しさを抱えて必死に私が求めていたものは、母性原理の強い神の、慈しみ深く暖かな悲愛の御手だったのである。そして、神を比較的父性原理の強い神として受けとってきた西欧キリスト教の歴史のなかで（マリアへの崇敬と信心は、父性原理の強い神の恐ろしさを緩和、補償する役目をしてきたものと思われる）、私見によれば、まさにテレーズは、その全生涯で母性原理の強い神の憐れみを讃えあげた、極めて稀な人物だったのである。

その後、河合隼雄、土居健郎、木村敏、中根千枝といった方々との著作に接して、母性社会日本のなかで生まれ育った一人として、青春時代に私が求めていた母性原理の強い神こそは、まさに共通に日本の人々が求めているものであることを段々と確信するに至ったのである。そして、母性の神を求めている日本の人々に父性の神を与えようとしたが故に、キリスト教会側の様々の努力にもかかわらず、いまだにキリスト者が日本全人口の一パーセントにもみたないという結果をうんでいるのだということも納得しえたわけなのである。

松本滋氏は、その著『父性的宗教 母性的宗教』のなかで、父性愛と母性愛を実にわかりやすく次のように説明している。

> 母親の愛というもの、父親の愛というものを理念型《イデアル・テイプス》としてとらえてみるならば、それらは、同じ愛でも、本来的に異なった特性をもつものと考えられます。（中略）
>
> まず、母親の子供に対する愛というのは、本来無条件的なものである。E・フロムも言っておりますように、母親がその子供を愛するのは、その子供が特殊な条件を満たしたから、あるいは特定の期待にこたえたからという理由で愛しているのではない。母親は、その子供が自分の子供であるが故に愛している。子供の側からすれば、自分が現在あるがままの姿で愛されている。（中略）
>
> これに対して、父親の愛というものは、タイプとして考えるならば、条件的なものです。父親の愛というのは、端的に言えば、子供が父の期待を満たしているから愛に値する、子供が父に似ているから愛の対象になるということによって特徴づけられます。（中略）
>
> 母親が自然的な世界を表わすならば、父親は規範的な世界を表象しております。（中略）以上を要するに、母親というものは、子をあるものとして愛し包む、父親は子をあるべきものとして愛し導く、と言ってよいかと思います。
>
> （『父性的宗教 母性的宗教』東京大学出版会、一九八七年、12―15頁）

旧約の神ヤーウェは、この区別からすれば、もっとも父性原理の強い神を代表しているといえる。それは『出エジプト記』二〇章の、十戒をさずける場面一つをとってみても明らかである。この掟を守るものには幾千代にも及ぶ慈しみを与えるが、これを否む者には三代四代までその罪を問うというのが、旧約の神ヤーウェなのである。

松本氏は、キリスト教の神をも、旧約の神と同じく、父性原理の強い神としてとらえておられる。ユダヤ・キリスト教というふうに、ユダヤ教とキリスト教を区別なく十把一からげにとらえ、ユダヤ教が砂漠の宗教だからキリスト教も砂漠の宗教だ、というのが日本の知識人の一般的な考え方のようであるが、これは根本的に間違っていると私は思っている。見渡す限りの岩石砂漠の大地であり、またユダヤ教信仰発祥の地といっても過言ではないシナイ山近郊と、イエスや弟子たちをはぐくんだ、水鳥や魚のたわむれるガリラヤ湖畔との両方の地に一度でも足をふみいれたことのある者ならば、誰しもその違いの大きさに心打たれるに違いない。ユング派の心理学者たちによれば、砂漠は父性の象徴であり、湖は母性の象徴なのである（この点に関しては、詳しくは、前掲書『風のなかの想い』のなかの「砂漠の宗教と湖の宗教」の章を参照されたい）。

ユダヤ教の神ヤーウェが極めて父性原理の強い神であったのに対し、イエスの説いた神は母性原理の強い神だったのである。

もちろんユダヤ教の神とキリスト教の神が別の神だというわけではない。同じ神のとらえ方が違っているのである。

本書の第七章「悲愛」にも引用しているが、『ルカによる福音書』にのせられている「罪深い一人の女性の物語」を読めば、イエスのゆるしの悲愛のまなざしが、この女性の心に回心と悲愛の灯をともしたことは明白であると思われる。それは、五百デナリオンの借金をゆるされた者と、五十デナリオンの借金をゆるされた者では、一体どちらが余計に、このゆるしてくれた金貸しを愛するようになるだろうか、というイエスの問いに明らかである。

イエスは、当時の社会では人間の屑のように考えられていた娼婦や徴税人たちに対しても、これを裁かないばかりか、回心した者とでなければ食事は一緒にとらない、などということは決して言いはしなかった。まず無条件にこれらの人たちを受け入れて一緒に食事をしたのである。そこがイエスが当時のユダヤ教の人たちと異なる点であった。『マタイによる福音書』一一章には、次のようなイエスに対する悪口が記されているが、この言葉もまた、イエスがこれらの人を罪人のまま無条件にまずは受け入れていたことを示している。

「見ろ、大食漢で大酒飲みだ。徴税人や罪人の仲間だ」。

これはイエスの生涯を貫いている極めて大切な基本的な姿勢なので、いちいちあげていればきりはないが、たとえば『ルカによる福音書』一九章にでてくる、徴税人の頭《かしら》ザアカイの物語にも、このイエスの姿勢は実にあざやかに示されているのである。

背が低くて沿道からではイエスの姿がみられないと考えたザアカイは、高い木にのぼって上からイエスを眺めようとする。その彼に最初に声をかけるのはイエスである。今晩はおまえの家に泊めてもらおう。そのイエスの無条件の悲愛のまなざしにふれてザアカイは回心するのである。

しかしここで決して見落してはならない重大なポイントは、このイエスとユダヤ教の人たちとの行動の違いは、まさに両者の神観の違いによるのだという点である。このことは『ルカによる福音書』一五章の、イエスの語るたとえ話が、どのような状況で語られたかに明らかに示されている。

一五章は次のような言葉ではじめられているのである。

「徴税人や罪人が皆、話を聞こうとしてイエスに近寄って来た。すると、ファリサイ派の人々や律法学者たちは『この人は罪人たちを迎えて、食事まで一緒にしている』と不平を言いだした」。

有名な「放蕩息子のたとえ話」は、このような状況で語られた、イエスの答弁だったのである。

放蕩息子の父親は、息子が酒と女で金を使いはたして帰ってきたのを遠くから見つけて、家をとびだしていって彼を迎える。即ち、息子の罪を責めることはせず、改心しているかどうかもわからないうちに、まず無条件に彼を受け入れているわけである。この父親は、性別的には父であるが、しかしその態度は明らかに母性の原則にもとづいたものであるといわねばならない。このたとえ話においては、父親が神をさしていることが明らかな以上に、イエスは母性原理の強い神を人々に説いたのだと結論しうるはずである。そして見落してはならないことは、娼婦や徴税人を裁いたり責めたりせずに、まずは無条件に彼等を受け入れているイエスの母性的原理の強い姿勢は、神がそのような方だということに行動の根拠があるのだと言っている点である。即ち逆に、娼婦や徴税人を裁き、彼らとつき合うことすらしないユダヤ教の人たちの態度は、罪人には三代、四代までも罰を加えるという神ヤーウェの姿勢にその根拠があるということになるのであろう。

イエスとユダヤ教、特にファリサイ派の人たちとの衝突、対立は、最終的には両者の神観の違いに根ざしているのだということは、ここで明白であるといわなければなるまい。イエスが殺されたのは、具体的には彼が律法よりも悲愛を大切にしたからだと思われるが、しかし最終的には、父性原理の強い神を説いていたユダヤ教社会に、彼が母性原理の強い神を説いたからだと思われるのである。この考えは、本書『日本とイエスの顔』ではまだ明確なかたちをとっていないが、それ以後聖書の編集史研究の書に多く接するにつれて、ますます私の確信となってきているのである。

確かに、この私のイエス観、神観を受け入れ難いと思われる方も多いであろう。『マタイによる福音書』には、「わたしが来たのは律法や預言者を廃止するためだ、と思ってはならない。廃止するためではなく、完成するためである。はっきり言っておく。すべてのことが実現し、天地が消えうせるまで、律法の文字から一点一画も消し去ることはない」という言葉さえみえるからである。これはしかし注意深く読めば「廃止するためだと思ってはならない」という言葉は、すでに聴衆の中には、イエスが律法を廃止するために来たのだ、と思いこんでいる人たちがかなりいたことを暗示しているように思われる。しかし、イエスの生前、一体律法を否定しようとするようなことを考えていた人たちがいただろうか。それともイエスの姿勢のなかに、そう思わせるほどにラディカルなものがあったのだろうか。私にはこれは、一世紀後半の熱狂的パウロ主義者たちに対するものではないかと思われるのであるが……。しかしいずれにしても「キリストは律法を終わらせた」「死のとげは罪であり、罪の力は律法である」「かくして律法は私たちをキリストへと導く養育係となった。しかし信仰の時代が来たので、私たちはもはや養育係の下にはいない」といったことを生涯主張し続けたパウロが、常に争ってきた論敵たち、即ちエルサレムを中心とするユダヤ人キリスト者の集団にも似て、あるいは「モーセ律法」による食物規定までも守りぬいていたのではないかとさえ想像される「マタイ共同体」の引用語を、そのまま新約思想の代表句として受けとるということには、私は強く反対せざるをえない。

これはほんの一例にすぎないが、いつか機会をえて、もっと多くの例について一つ一つ述べる機会を持ちたいと願っている。

本書は北洋社版の『日本とイエスの顔』そのままであるが、しかし現代の状況を考えて多少言葉づかいを改めたところがあるということをご了承願いたい。

最後に、今回この私の生き方と思想の原点ともいうべき『日本とイエスの顔』を出版するに際し、いろいろご尽力をいただいた日本基督教団出版局の柴崎聰氏に深い感謝を捧げたい。

一九九〇年初夏　風の家にて

井上洋治

《井上洋治アーカイブス》

〈本書に寄せて〉（北洋社版『日本とイエスの顔』より）

日本人司祭・井上洋治

遠藤　周作

井上神父について私はもう三度ほど書いたことがある。私の小説のモデルにしたこともある。

彼との始めての出合いは、一九五〇年、マユセーユに向うフランス船の四等船室のなかだった。私はリヨンに留学する学生であり彼はボルドオの近くのカルメル会に入会する神学生だった。洋行といえば聞えがいいが、日本はまだ空襲でやけただれた傷からいえず、みなは飢えて、貧しかった。そんな時、ふとしたことから留学がきまった我々も乞食同然の恰好をして、四等という船艙のような場所で寝起きするだけでも有難かったのである。

井上神学生は夜になるとよく甲板で一人、ロザリオを手にして祈っていた。我々とちがってこれからきびしい修業生活に入る彼は最後の娑婆とのつき合いの合間にもこの祈りは欠かさずやっていたにちがいない。そんな姿を見ると私のような男も何も言えぬ厳粛な気持になったものだ。

我々はマルセイユで別れたがその後四年の間、彼がどんなきびしい修業をしたかは、他のところで書いたから、ここではふれない。

我々が再度、顔を合わせたのは帰国後の日本だったが、その時は井上神父は西洋で考えたことを日本の土壌の上でどう生かすかで頭がいっぱいだったようである。彼がやがて東京郊外の小さな町の主任司祭になった時、三浦朱門と私とはよく遊びにいったものだ。

私は三浦だけでなく文壇の友人を井上神父に紹介したが、それは神父なら気ムツかしい作家たちにもわかると思ったからである。瀬戸内晴美さんも井上神父にカトリックの話をききにいったことがある。河上徹太郎先生もこの神父とは飲み友だちである。矢代静一氏とも気があったし、高橋たか子氏も彼をたびたび訪れている。この神父の何とも言えぬ暖かみと信仰とがこうした私の先輩や友人に好かれているのを見て、私は嬉しかった。

日本人と基督教という命題は彼の生涯のテーマで、私も『沈黙』を書いた前後、よく論じあったものである。彼は日本の仏教者についてもふかい理解を示し、芭蕉や西行に心ひかれる日本人神父である。その日本人としての血と基督教の信仰がどう調和するかを彼はその頃からよく口に出していたが、それを遂にこの一本に結実させたにちがいない。

彼を見ると私は本当の意味で日本人の司祭という気がする。西欧からのかりものの教義やかりものの智識で語る神父ではなく、日本人として基督教をおのれの歯でかみくだいた日本人の神父なのである。彼は水割りのウイスキーよりも日本酒が好きだし、チーズよりも塩辛を好むのだが、そんな意味でも彼は日本人の司祭なのだ。

(『日本とイエスの顔』北洋社、一九七六年、236―238頁所収)

出会い

矢代　静一

私がカトリック信者になったのは、一九六九年の正月だが、その数年前から私の心ははげしくゆり動いていた。いま思い返してみると、ちょっと気はずかしいが、遠藤周作に、「信仰を得たら、書けなくなってもかまわない、文学を捨ててもよい」と大真面目に打明けたものだ。遠藤はそんな風に思いつめている私の表情をきびしい目で見つめていたが、やがて「じゃいい神父を紹介してあげよう」と言ってくれた。数日後、あるカトリック研究会に出たとき、こうして井上神父とめぐりあえたのである。私は、神父さんは雲上人という固定観念を持っていたので、恐る恐る、「あの……飲みませんか？」とさぐりを入れた。すると、じつにあっさりと、「いいですな」と答えて下さった。ほっとして、私は銀座裏のオデン屋に井上神父をさそった。始めのうち緊張していた私は、多分、夢中になって、いままで勉強したカトリックの神学者、文学者の本をあげて、私の感じたことを申上げたようだ。ところが、井上神父は、愛想よくうなずくだけで、いっこうに説教して下さらなかった。それどころか、「ここのおでんはおいしいですな。お銚子もう一本！」といった具合で、こちこちになっている私が、またビール一本も飲み終らないうちに、たちまちお銚子三本、空にしてしまった。私はなんだか阿呆くさくなり、というより、ほっとして、ユダやペテロやマグダラのマリヤを肴《さかな》にして、いつか上機嫌になった。そうして、銀座裏を二人で歩きながら、空には月も星もなかったけれど、至福感に包まれた。シモーヌ・ヴェイユが、「人間が神を探し出すのではなく、神が人間を探し出すのだ」といった意味のことを言っているのを思い出し、暗い夜空に向って、「神様、早く僕をみつけて下さい、僕はここにいますよ！」と叫びたい想いにかられて、弱ったほどだ。井上神父は、そういった私の心の動きを、とっくに御存じだったにちがいない。理屈っぽく、万事に頭の中でしかカトリックを理解しようとしない私に、彼は心で理解するよう教えてくれたのだ。私は、組しやすしと考え、それから、時おり、彼と飲んだ。「神父さん、イエズス・キリストはほんとに神の子なんでしょうか？」などと、まるで幼稚園児がシスターに尋ねるような質問も、安心してできるようになった。彼がフランスで、ストイックな求道生活を長い間つづけたことや、神学者として優秀な人であることを知ったのは、ずっとあとのことである。そんなことは、おくびにも出さなかったからである。こうして、私は彼に甘え、甘えることによって、次第に心が洗われつつあるのを感じた。

やがて、私は受洗し、井上神父や遠藤に導かれて、聖地巡礼をした。パレスチナの、イエズス・キリストの山上の垂訓で有名なアシュレの丘（幸福の丘）の教会で、井上神父にミサをあげていただいたとき、私は、「もし、井上神父にめぐり会わなかったら……」と、ぞっとした。そう、もしめぐり会わなかったら、私は、ろくな作品も書けずに、いまごろは破滅型になっていたことであろう。

（『日本とイエスの顔』北洋社、一九七六年、238―240頁所収）

井上神父のこと

三浦 朱門

遠藤周作は井上神父が、単なる信者であった時代からの友人だったから、

「おい、井上」

と気軽に呼ぶ。私が神父と知りあったころは信者ではなかったから、まさか、

「おい、井上」

とは呼ばなかったが、精々で、

「井上さん」

くらいの言い方しかしなかった。私たちは、人生とか真実といった問題を心おきなく話しあえる仲間だった。だから、神父であるか、文士であるかは大したことではないと思っていた。私たちの好みのテーマは幾つかあったが、その中の重要なものの一つは、この本でくりかえし論じられているカトリックと日本、普遍であるべき信仰と、特殊な条件のもとに存在する日本的心情の問題であった。


パンとブドー酒をキリストの肉と血として理解することは、西欧人、というよりも、小麦がとれ、山にはブドー畑のある土地では誠に自然なことであろう。しかし日本人にとって、パンもブドー酒も、異国の、何やらエキゾチックな産物でしかない。そして四つ足ですら、食べることを拒んだ私たちの先祖が、キリストの血と肉をくらうことが、秘儀であると知ったら、身ぶるいして、キリシタン・バテレンこそは邪教に間違いないと断定したのは当然である。

禁教時代にかくれキリシタンになった人々は、ローマ教皇庁との関係が絶たれると共に、パンもブドー酒も手に入らない。彼らは魚肉と清酒をその代用とする。また西洋の絵では無原罪の聖母を示すために、月——普通は三日月——を共に描く。つまり、雲と三日月、その上の聖母、という図柄をよく見る。それが長崎のかくれキリシタンの聖画では、三日月が舟に、雲が波になっている。

かくれキリシタンの運命は私たちの上に、いつまたどういう形でおこるかもしれないのだし、そもそも、南欧の人々が、パンとブドー酒をさしたる努力なしに用意できるように、僅かな語学的訓練でキリスト教神学に接しうるのに較べれば、私は大きなハンディキャップを負っている。果して、これでいいのであろうか。

私たちは、たとえば、こんな風なことを話しあっていたのである。

遠藤周作の『沈黙』という小説を支える柱の一つは、井上神父をはじめとする、内外の聖職者たちとの交友の結果、うまれてきたものだと、私は信じているが、ある年の春、井上神父と遠藤と三人で、島原へ旅行したことを私は忘れ難い。レンタカーで借りた車は、時に、海を見下ろしながら、桜並木をぬけ、また緑の麦畑と、ベッタリ黄の絵具をなすりつけたような菜の花畑の間を走った。遠藤が言った。

「お前なあ、こういう道をだなあ、神父を先頭に、キリシタンの信者たちがお城に引きたてられていく。泣いているヤツ。怒っているヤツ。ふるえているヤツ。その後ろからなあ、ウソつき臭作という男がな、ついてきよんね。臭作はキリシタン調べの時、すすんで踏絵をして、十字架にしよんべんかけたヤツや。ところがな、親子兄弟、友人全部、引きたてられると、この臭作、気がとがめて、引きたてられてゆく連中のうしろを見えかくれについてゆくわけよ」「役人がチラと後ろを見ようものなら、臭作はガバと菜の花畑につっ伏してかくれるもんだから、顔は埃だらけ。そこに涙やら、鼻汁やらがまじってるから、キナコ餅みたいな顔になっとる。なあ、井上よ、お前なあ、こういう信者のための神父になってくれよ」

この旅行で、井上神父は一番、年下でまた倫理的に信頼できるというので、会計係になった。何かというと、

「おい、井上、払っとけ」

と遠藤はそっくり返る。三人の時はこれでもいいが、長崎は信者の多い町で、神父を呼びつけにすると、奇異な目で見られることがある。その結果、

「おい、井上……神父……さん。これ、払っといてや、すんまへん」

ということになる。

日曜日には、たまたま見つけた教会で井上神父にミサをたててもらった。遠藤がミサ答えをすると、会衆は私一人だった。

ミサをたてる時の井上神父は堂々としていて、先程まで冗談を言っていた友人とは思えなかった。私は彼の前に膝をつきながら、

「キリストの弟子というのはこのことか」

と思ったのであった。

（『日本とイエスの顔』北洋社、一九七六年、240—243頁所収）

〈エッセイ〉

日本とイエスの顔

遠藤　周作

井上洋治「日本とイエスの顔」を読んで、私はいささか感無量の気持を抑えることができなかった。この本は五十歳になった井上神父最初の本である、最初の本ということは五十年間彼が育て、嚙みしめたものが、そこに注がれていると言うことでもある。五十歳で処女作を書くという人がほとんど稀有になった昨今、五十年をかけて、はきだした処女作はそれだけの深みと、それだけの真実とを持っている。

私は二十代の中頃、井上神父と知りあった。昭和二十五年、仏蘭西に留学する船の四等室のなかで、現在、慶応の文学部長をしている三雲夏生と私とはリヨンの大学に留学する途上だったが、井上神学生はボルドオの近くのカルメル会に入会するために同じ船に乗ったのだった。話をきくと彼は東大の工学部に在学中、姉上の感化で洗礼を受け、哲学科に再入学、そして司祭になる決心をしたのだと言う。

あまり丈夫そうでもないその体と、彼のトレード・マークとなった額のあざとを見て（その額のあざはそれから二十年後、私は自らの「死海のほとり」の人物の一人にそのまま借りた。その人物の外貌は井上神父を考えながら書いたものである。もちろん、その内面は百八十度のちがいがある）私は井上が神父になるのがふしぎな気さえした。カルメル会の修業のきびしさは私もかねてから聞いていたから、彼がなぜその会を選んだかもわからなかった。

我々はマルセイユ上陸後、たった半日、昼食を共にして別れねばならなかったが、一ケ月にわたる同じ四等の船艙での、みじめで苦しかった生活がたがいの友情をいつの間にか育てていた。

私は彼より先に帰国した。戻ってきた井上神父とどこではじめて再会したか、今、どうもよく思いだせない。やがて彼は日野市の小さな教会の司祭となって、時折、ミサ用の何々を買うから金を寄附せよ、と三浦と私とに強要するのだった。私たちがある日、その教会をたずねると、四畳半のあわれな彼の部屋には「大関」の瓶がゴロゴロしていた。怒った三浦はもう寄附はしないぞと言いはじめた。俺は生涯独身なんだから酒ぐらい飲ませろ、と神父は答えた。

二十数年間の長い交際のなかで私は彼がしばしば日本人と基督教について語るのを聞いた。神父ではあるが友人でもある以上、私たちと彼との間にはかなり、危険できわどい質問や応答もくりかえされた。何でもこの神父にはうちあけられ、どんな信仰上の疑いでもたずねられるという安心感が我々にあったからである。イエスが人間の悲しみのすべてをわかってくれるのだと、ある日、彼が突然言った時、真実私は泪がでそうなほど感動した。

私が二度の手術に失敗して三度目の手術を待っていた病院に、ある日、見舞いにきてくれた彼は、しばらく私の顔を見ていたが、急に

「なア、あとのことは心配するな、もし万一のことがあっても安心して死ねよ。俺があとは引きうけるから」

とポツリと言った。その時は三度目の手術の危険さを覚悟していた時だったから、この心のこもった引導わたしの言葉はじんと身にしみた。しかし私は照れて、まだ死ねるか、書きたいテーマがあるぞと

答えた。

井上神父と三浦朱門と――つまり私の人生にとって、かけがえのなかったこの二人の友といつかエルサレムに巡礼旅行したいというのが退院後の私の念願だった。この計画は遂に実現しなかったが、そのかわり井上神父、矢代静一と、三浦朱門、曾野綾子と、別々に私はイスラエルに出かけた。

思いだせば、三人つれだって旅をしたのは長崎とその周辺だった。四月の花の季節で、私たちは口ノ津、加津佐、原城、島原などの海に面した切支丹の殉教の場所をまわった。真白な砂浜に三人でねころび、貝をひろった。山のなかの無人の教会に窓から押し入って神父がミサをたて、三浦と私とが跪いてそれを聴いた。三浦はまだ、その時、信者ではなかった。

「日本とイエスの顔」を読みながら、私が感無量になったのは、そうした二十数年の思い出をその頁の一枚、一枚から思いだすためでもあった。二十数年。しかし井上神父にとっても私にとってもそれぞれ日本のなかにイエスの顔をさぐるために色々なことがあった。色々なことをやった。

この本のなかで私が井上神父らしいと思ったのはいくつもある。たとえば旧約聖書と新約聖書の非連続性をはっきり主張していることであり「そこを明らかにすることが特に日本のキリスト教にとっては大事だ」（五八頁）とまで言いきっている点もそうだし、神の認識を伝統的な西欧神学のトミズム的な考えから切り離して、主体的な体験認識に限定している点もそうである。この点、彼がカルメル修道会の修業を終えたあと、スペイン神秘主義の研究を続けた意図が私にもわかるような気がしたのだが、しかし井上神父の場合はその神の体験的認識を東洋の無の体験に通ずるものがあるとして、苦心の思索を続けているのが特色だ。

この二つを見ても彼が今までの多くのカトリックの著作とちがって、五十年の歳月のなかで日本人の司祭として信仰を日本人の肉体に養おうとしてどんなに嚙みくだいてきたかが私には、じいんと感じられたのである。

率直に言って日本の基督教の作家たちは戦後、自分の作品を書きながら、あるうしろめたさと負目とをいつも感じてこねばならなかった。そのうしろめたさの奥にあるものは、自分のこの作品が従来の神学が正しいと認めたものに背いているのではないか、はずれているのではないか、という気持である。文学と宗教とはあい入れないという負目は同時に文学は神学に背くことになり、時には教会の神父や信者たちを自らの作品が悲しませ、傷つけるのをたびたび味わってこねばならなかった。自らのこの作品を書かずにはいられないという気持と、その作品が尊敬する司祭の顔を暗くさせ、立派と思っている修道女の心を傷つけた――そんな経験は私もしたし、他の基督教文学者も多かれ少かれ味わったであろう。

戦後の基督作家たちはその点、教会から祝福された子供というよりは、一応は子供と認めても、聖書の放蕩息子のようなものだった。私自身の経験から言えば、自らの作品を読んで基督教に興味と関心を抱いたという読者からの手紙をもらうたび、嬉しさ以上に困惑の気持がいつも起るのだった。どうか、興味をもたれたのならば、あとは教会の神父さんをたずねて勉強してくださいという返事をいつも書かねばならなかったのは、その困惑のためである。言いかえれば自らの作品のなかにあるものは――自分にはそれが書かざるをえない気持がありながら――神学者や司祭に裏うちされない寂しさをいつも抱いてきたのである。

そんな私にとって、井上神父のこの「日本とイエスの顔」は大きな慰めとなる。強い支えとなる。（と、書けば井上神父はそんな言い分は迷惑になる、と言うかもしれないが）少くとも私は自分の「沈黙」や「死海のほとり」「イエスの生涯」の裏づけとなる神学的理論をこの本の随所に見出すことができるのだ。彼と私とが登ってきた路は神学と文学という違った路であったがあの仏蘭西に向う船の四等船室ではじめて顔をあわせてから二十数年、相似たもの、相交るものをいつの間にか持てたような気がするのだ。

この本を読みながら私がガラになく、感傷的になったのはそんな理由のためである。会う人ごとに「日本とイエスの顔」を読みましたかとたずねる。

昨日は文芸家協会の総会だった。パーティで私は顔を会した先輩たちにこの本を読みましたか、と言った。そんなにいい本かねと言われると、ええ、一寸、説教調なところがありますが、とてもいい本ですとわがことのように自慢した。

(『季刊 創造』創刊号、聖文舎、一九七六年、90—92頁所収。尚、文章中の引用頁は北洋社版のもの)

日本の教父　井上洋治——神の「暖かさ」について

山本　芳久

１　「礎石」としての『日本とイエスの顔』

井上洋治神父は、日本人の心の琴線に触れる仕方でキリスト教を捉えなおした人物、と紹介されることが多い。それは間違いではないが、井上神父の幅の広さを見失わせてしまいかねない言い方でもある。神父が最後に到達した境地として知られている「南無アッバ」という祈りも、「南無」が「帰依」を意味するサンスクリットで、「アッバ」が「お父ちゃん」を意味するアラム語であるということを考慮に入れると、日本回帰的な祈りの在り方だとは簡単には言えなくなってくる。日本人の心の琴線に触れるキリスト教の在り方を求めて東西のあらゆる思想を渉猟した井上神父の思索の歩みは、「日本の神学」の確立の歩みと言うよりは、むしろ、「日本における神学」、もっと言えば、「日本人によって、日本語で形成された多文化交流的な神学」とでも言うべきものなのである。井上神父の著作群のなかには、「日本的な神学」というような狭い観点によっては読み尽くせない豊かな可能性が眠っている。記念すべき井上洋治著作選集の刊行にあたって、まずそのことを指摘しておきたい。

本巻に収められているのは、井上神父の主著であり処女作である『日本とイエスの顔』である。「作家は処女作に向かって成熟する」という言葉があるように、井上神父の後の歩みのすべてがこの処女作に凝縮している。一九七六年に北洋社から刊行された本書は、一九八一年に講談社から出版されることになり、一九九〇年に日本キリスト教団出版局から最終版が刊行された。その最終版の末尾に付された「あとがき――『日本とイエスの顔』をふりかえって」において、神父は次のように述べている。

じっくりと今一度この書を読み返してみて、改めて私は、この書こそが私の思想と生活の原点であることを確認した思いであった。

『日本とイエスの顔』を初めて北洋社からだしてもらって以来今までに、私は十冊あまりの木をかいているが、これらの本はみなこの『日本とイエスの顔』という礎石の上に重ねられていった積石に他ならない。（本書209頁）

神父は、このあとがきを書いてから更に二十年あまりの生涯を全うされたが、最後までこの思いは変わらなかったであろう。

今回、解説執筆のためにあらためて『日本とイエスの顔』を読みなおしてみて、驚いたのは、後に井上神父のキーワードの一つとなる「汎在神論《パンエンティズム》」が、処女作である本書においては全く登場していないという事実である。生前に刊行された神父の最後の著作である『イエスの福音にたたずむ』（日本キリスト教団出版局、二〇〇八年）においても、この概念は登場しない。

それに対して、『日本とイエスの顔』の第二部「イエスの教え」の最初の章である第四章は「イエスの神・アバ（父よ）」（本書では「イエスの神・アッバ（父よ）」）と題されており、晩年の「南無アッバ」にまで続いていくモチーフが既に本格的な仕方で展開し始めている。

井上神父の歩みは、まさに、処女作である『日本とイエスの顔』に回帰しながら、その中に含まれていた最も重要な洞察を深めつつ表現しなおしたものであったと言えよう。

2　井上神父との出会い

私が井上神父に出会ったのは、大学二年生の冬であった。神父は、赤坂の「風の家」における日曜のミサの後、毎週、青年たちとの読書会を開催してくださっていた。あるとき、その読書会の帰り道において、大学の哲学科の卒論でトマス・アクィナスを扱うつもりだと告げた私に対して、神父は、私にとって励みとなる或る言葉をかけてくださった。「フランスで勉強させられたトミズム〔トマス主義〕の教科書には本当にうんざりしたが、帰国する頃に読んだジルソンやドゥ・フィナンス〔共にフランスのトマス研究者〕の解釈がもしも正しいのなら、トマスも悪くないなと思った」との言葉であった。

日本の文化的風土のなかにイエスの福音が根をおろし開花することを目指した「風の家」の活動を井上神父が始めた根底には、長年のフランス留学において、西洋神学の代表者であるトマスの勉強を「精神的な拷問にも等しかった」（『余白の旅』日本キリスト教団出版局、一九八〇年、58頁）ものと感じた痛切な経験があることを私は知っていた。その「風の家」の一員である私が、井上神父に「精神的な拷問」を与えたトマスを研究することは、快くは思われないかもしれないと多少の危惧を抱きながら卒論のことを口にしたのであった。だが、そのような危惧は杞憂に過ぎなかったことが、神父の話の内容だけではなく、口ぶりからも伝わってきた。

無事に書き終えた卒論のコピーを手渡した私に、ほどなく神父からの荷物が届いた。そこには、日焼けした一冊の洋書が含まれており、同封されていた手紙には次のように書かれていた。

フランスでの滞在をなつかしく思い出しながら「トマス・アクィナスの自由論」拝読しました。……帰国の折、なけなしの金をはたいて哲学関係の本は三冊だけ買いました。ジルソンの *L'être et l'essence*〔『存在と本質』〕と、A. Hayen の *L'intentionnel selon Saint Thomas*〔『聖トマスにおける志向性』〕と L. -B. Geiger の *La participation dans la philosophie de S. Thomas d'Aquin*〔『聖トマス・アクィナスの哲学における分有』〕です。このガイゲルの本は、上掲のジルソンの著作、それに De Finance の *Être et agir dans la philosophie de saint Thomas*〔『聖トマスの哲学における存在と行為』〕とならんで、ぼくがもっとも感動した本の一冊です。もう目も患って読むこともないので大学院入学のお祝いに進呈します。

この卒論を好意的に評価してくださる方は、大学の先生方の中にもいたが、井上神父からのこの反応が最も嬉しいものであった。井上神父の活動に魅力を感じながらも、本格的な西洋哲学・西洋神学を勉強したいという思いも強かった私は、このまま、自らの心の促しのままに、日本人の心の琴線に触れるイエスの顔の探究と、西洋神学の研究の双方を続けていけばよいのだという確信を持つことができた。井上神父が「もっとも感動した本」の一冊が、トマスの研究書であったということ、そしてその大切な書物をお祝いとして進呈するという仕方で応援してくださったということが、私を大いに後押ししてくれた。

多くの人が井上神父に魅力を感じたのは、優しく寄り添ってくれるこのような暖かな包容力に起因したのではないだろうか。「日本的キリスト教」とか「汎在神論」とか「南無アッバ」というのは、神父の人柄に体現されているこうした優しい包容力と比べれば、全く二次的なものに過ぎないのではないだろうか。言い方を変えれば、「日本的キリスト教」とか「汎在神論」とか「南無アッバ」というものは、すべて、神父のこのような包容力を可能にしている、「アッバ〔お父ちゃん〕」なる神の暖かな包容力の表現と言うことができるのではないだろうか。

3　包み込む神

本書の第一部「日本人の心で読む聖書」の第一章「ことばといのち」において、神父は次のように述べている。

ヨーロッパ中世の代表的神学者トマス・アクィナスという人は、アリストテレスの哲学を土台として堅固な神学大系をつくりあげた人ですが、〈自ら動かずして万物を動かす〉というアリストテレスの第一原因についての考え方を神の存在証明に使用しました。トマス自身はそんな誤りは犯していませんが、その亜流の人たちが神を宇宙の外に対象としてある何かとしてとらえるに至ったことはかなり自然であったといわなければなりません。……私たちを超えて高いところにある超越としての神に重点がどうしても置かれてしまって、万物に内在し万物を包み込む神という点がおろそかにされていたことは否定できないように思えます。（本書21頁）

傍点の付された「万物に内在し万物を包み込む神」というところに、本書における井上神父の神観が集約されて表現されている。この箇所では、いささか堅めの表現で、「包み込む神」というモチーフが初めて登場しているが、少し後の箇所では、「包み込む神」を受け入れることが私たちの人生において果たす役割について、より分かりやすい実践的な文脈で語られている。

イエスの福音を受け入れて生きることによって、イエスを知り、神の愛を知った（神の愛についてではなく）からといって、この世の哀しみや苦しみがなくなるわけのものではありません。好きな人と別れなければならないのは悲しいことですし、病気になれば苦しみをさけることはできません。しかし、表面は波立っていても、いつも湖の底が深い静けさをたたえているように、イエスの約束した歓びと平和と自由とは、もっと次元のちがった心の奥にひろがっていくものなのだと思います。……私たちは大地のように大きな暖かな神の掌の中で生き育っているのだというやすらぎと勇気と希望、それこそイエスが死を賭けて伝えようとしたものだと思います。

（本書37―38頁）

私たちの日々の哀しみや苦しみは、イエスの福音を受け入れたからといって消えてなくなるわけではない。だが、それらの哀しみや苦しみは、それ以前の哀しみや苦しみとはどこか異なってくる。はぐれてしまった母親を探して道端で転んだ幼児が、黙って立ち上がり、視線の先に母親の姿を見つけて、駈け寄り、母の胸の中で初めて思う存分泣き叫ぶことが、哀しみ・苦しみを受け入れる力を自ずと与えていく。それと同じように、「暖かな神の掌の中で生き育っているのだというやすらぎと勇気と希望」を約束したイエスのまなざしは、この世を生きることのなかで生まれてくる哀しみを真に哀しみ、苦しみを真に苦しむことを可能にし、そのことを通じて、立ち上がって人生を歩みなおす前向きな回復力を与えるものであったのだ。

そして、このような暖かな回復力は、個人と神とのあいだで孤独にはたらくのみではない。暖かな回復力の連鎖とでも呼ぶべき人間同士の共同的な次元が開けてくる。神父は次のように述べている。

『ルカによる福音書』にのせられている「罪深い一人の女性の物語」を読めば、イエスのゆるしの

悲愛のまなざしが、この女性の心に回心と悲愛の灯をともしたことは明白であると思われる。（本書214頁）

他者からゆるされた者のみが他者をゆるすことができる。他者から愛のまなざしで包み込まれたことのある者のみが、他者を愛のまなざしで包み込んでいくことができる。井上神父がここで述べているのはそういうことだ。人間が他者の痛みや哀しみに共鳴して、暖かく包み込むことができるのは、包み込む人自身が、他者から暖かく包み込まれる経験を積み重ねてきたからこそである。ここに、共鳴と抱擁の連鎖というポジティブなヴィジョンがある。

だが、暖かいまなざしによる抱擁を誰からも与えられてこなかった人はどうすればよいのだろうか。他者を暖かく抱擁する原動力としての暖かい抱擁を充分に与えられない人生を送ってこざるをえなかった人は、他者を抱擁することもできず、共鳴と抱擁の連鎖から永遠に疎外されざるをえないのだろうか。

人々をこのような疎外から解放したものこそ、弱さと罪深さを担いながら重い人生を歩んでいた人々に対して、完全に無償の仕方で注がれたイエスの愛のまなざしであった。「イエスがもっともたいせつにしたアガペーという愛は、価値のない者、みじめな者、苦しむ者にたいしても、太陽がすべての生きとし生けるものにくまなくその光を注ぐように、おもいやりと共苦の手をさしのべる愛でした」（本書141頁）と井上神父が述べているとおりである。イエスを通して無償の仕方で表現された神の暖かなまなざし、そこに、一人一人の弱き人間を能動的な愛の主体へと変容させる原動力が潜んでいるのである。

4　『神の痛みの神学』と『日本とイエスの顔』

『日本とイエスの顔』が我が国の神学思想史に与えた影響を明らかにするためには、我が国独自の神学的貢献として世界的に著名な北森嘉蔵（一九一六―九八年）による『神の痛みの神学』（新教出版社、一九四六年）と比較しながら『日本とイエスの顔』を位置づけるのが分かりやすい。

井上と北森の発想には、根源において似たところがある。それは、キリスト教神学から、特殊ヨーロッパ的な要素を抜き去ることによって、キリスト教の原点により近づくことができるのではないかという発想である。日本では、キリスト教はヨーロッパのものだという先入観が強いため、このような発想は、意外な印象を与えるかもしれない。だが、キリスト教は、ヨーロッパではなく、中東パレスチナにおいて生まれたものであり、言語的にも、民族的にも、セム的（ヘブライ的）なものを起源としている。特殊ヨーロッパ的な要素を抜き去ることによってこそキリスト教の原点に肉薄できるという発想には、もっともなところがある。

北森の著作のタイトルにある「神の痛み」という表現がなぜ衝撃的だったのかと言えば、神の「不受動性」というギリシア哲学的な発想の影響が強かったヨーロッパの神学においては、全能の神が外部から影響を被ったり、傷ついたりすることはありえないと考えられてきたからである。それに対して北森は、神には「愛」と「正義」という二つの根本性格が内在しており、「愛」を抱いている人類の堕落を目にして、罰を与える「正義」を発動せざるをえないことに神自身が「痛み」を感じるという独自の神観を提示したのである。

このような北森の神学に対して、井上神父は、『日本とイエスの顔』刊行後比較的すぐに開催された或るシンポジウムにおいて、次のように述べている。

北森神学だと**神の本質が痛み**だというわけです。**本質そのものが痛みであると。**……私の場合には痛みというのはあくまでイエスの痛み、裏切ってゆく弟子たちを包むイエスの痛みなのです。そしてその**イエスの痛みも、裏切った弟子たちの哀しみも共に何か御父の、神の、やわらかな夕陽に包まれているような感じの世界**なんですよ。ところが北森先生のは、最後の最後まで血がドク〳〵流れちゃうような感じがするんです。そこが、やっぱり息がつまるんですね。

（戸田義雄編『日本カトリシズムと文学——井上洋治・遠藤周作・高橋たか子』大明堂、一九八二年、195—196頁）

「イエスの痛み」を見守る「父なる神」自身も「痛み」を本質としているのであれば、あまりに息苦しく、救いのない世界なのではないか、と井上神父は指摘している。これは、人間としてのイエスに「苦しみ」は存在するが、父なる神には「苦しみ」「哀しみ」は存在しないという、トマスに代表される伝統的な西洋神学とも共通の観点だと言える。こういうところに、若いときに骨の髄まで西洋神学をたたき込まれた井上神父の、キリスト教神学の豊かな伝統のよきところを受け継いだ、バランス感覚のよさが感じられる。西洋神学の伝統的な洞察が、日本的感性に包まれる仕方で生かしなおされることによって、やわらかな夕陽のように哀しみや苦しみ・痛みを暖かく包み込む神という、魅力的な観点が提示されているのである。

5　日本の教父　井上洋治

井上神父は、日本キリスト教団出版局版の『日本とイエスの顔』の「あとがき」において、一九七六年に北洋社から同書を刊行して以来投げかけられてきたいくつかの問いに対する応答を試みている。その中でも最大のものは、神父自身が指摘しているように、「旧約」と「新約」の関係をどう捉えるかという問題である。厳格な律法に基づいた旧約の神と、ゆるしや悲愛に基づいた新約の暖かな神との非連続性を強調する神父の神観に対しては、神を「無」として捉える観点も絡めて、多くのキリスト教専門家から疑問が投げかけられてきたのだ。これらの疑問に答えるに先立って、神父は次のように述べている。

確かに既成のヨーロッパ・キリスト教の求道性や神学からすれば、私のこの書物は幾つかの重大な問題点をかかえている作品であるに違いない。そのことは私自身誰よりもよく承知しているつもりである。

（本書208頁）

長年の留学生活のなかで「ヨーロッパ・キリスト教」に深く触れていたからこそ、井上神父は、日本人の感性でキリスト教を探究しようとする自らの著作が含み込んでいる問題性に対して、人一倍自覚的であった。神父の自伝である『余白の旅』には、フランス留学からの帰国後すぐに遠藤周作の家を訪問したさいに遠藤が井上に語った次のような言葉が紹介されている。

僕たちはまだ誰も踏み入ったことのない森に入っていくようなもので、まねすればいいというような先人を持っていないんだ。自分たちの力で開拓していかなければならない。これは長い年月のかかる仕事だと思う。僕たちはただ次の世代の人たちの踏石になれればそれでいいんだ。

（『余白の旅』日本キリスト教団出版局、一九八〇年、123頁）

日本文化は、まだまだキリスト教と出会ったばかりだ。日本にはキリスト教は根ざさないと決めつけるには、まだまだ日が浅い。キリスト教の教えの基礎を形作った教父の時代は、紀元後八世紀まで続いた。世界宗教の歴史は、そのくらいの長さで測らないと何も見えてこない。明治維新後、禁教令がなくなってから、たかだか百五十年程度しか経過していない。キリシタン時代から数えても、まだ五百年も経っていない。そもそも、近代の日本においてキリスト教がさほど多くの人に受容されなかった原因として、日本文化とキリスト教がなじみやすくないということがしばしば挙げられるが、原因はそれだけではない。ヨーロッパにおいてもキリスト教の基盤が既に揺らぎ始めている十九世紀という時代（啓蒙主義、実証主義、世俗化、科学主義、進化論）に、キリスト教はそうした揺らぎと共に日本に輸入されたのだ。その意味において、我々は、キリスト教との出会いにおいて、日本人固有の苦闘と、現代人に共通の苦闘の双方を同時に担っていかざるをえないのだ。

「次の世代の人たちの踏石」となるべく、遠藤周作と共に試みられた井上神父の「思想と生活の原点」であり、その後のすべての著作の「礎石」となった『日本とイエスの顔』の底流にあるのは、「ヨーロッパ・キリスト教」と現代日本人の感性との葛藤に満ちた出会いである。そうである以上、読者に求められるのは、単に井上神父の結論を鵜呑みにすることにあるのではない。本書を理解するとは、本書の底に流れ続けている緊張と苦闘を理解することなのであり、そのような緊張と苦闘に読者もまた飛び込んでいくことが求められるのである。

キリスト教の教えの基礎を築いた教父たちのなかには、イエスは十字架で身を捧げることによって、悪魔に身代金を払って、人類を悪魔から解放したというような、現代では正統とは認め難い見解を抱いていた人々もいた。そのような見解を含め、多様な見解を提示し、議論を重ねることが、キリスト教の教えの幅の広さと深みを形成することにつながったのである。「日本の教父」とも呼ぶべき井上神父の処女作である『日本とイエスの顔』は、キリスト教の本質をめぐる様々な論争を呼び起こしてきた。そうした「問題点」

をも含めて、この書物は、将来幾世紀にもわたる我が国のキリスト教の礎石を築いた書物と言えるのである。

フランスでの長年の研鑽を経て帰国後に独自の思索を深めながら執筆した井上神父にとっては、ヨーロッパを中心に形成されてきたキリスト教の教えを日本人の心で捉えなおす出発点であった『日本とイエスの顔』が、多くの読者にとっては、むしろ、ヨーロッパの哲学や神学——本書で紹介されているベルクソン、トマス・アクィナス、アウグスチヌスなど——に対して、目を開くきっかけになることもあるであろう。

井上神父は、単に、ヨーロッパ的な神学に日本的な神学を対置したのみではなかった。また、ヨーロッパから輸入した神学に、日本的な味わいをほどよく加えて消化しやすいものにしたのみでもなかった。日本において、日本的な感性を梃子にしながら、キリスト教の本質を基本的なところから問いなおす観点を、葛藤に満ちた仕方で提示したのである。優しさに満ちたアッバなる神の暖かさを提示する本書は、そのような意味で、私たち一人一人に、キリスト教の本質を求めての探究を促し続ける厳しい挑戦の書物ともなっているのである。

（やまもとよしひさ・東京大学大学院総合文化研究科教授）

〈井上洋治　人と思想〉①
西欧キリスト教の仕立て直しの第一作出版まで
——遠藤周作との歩みにも触れて

山根　道公

ここでは本巻の「解題」と、著者井上洋治が四十九歳で処女作『日本とイエスの顔』を刊行するまでの人生と思索の歩みを記す。

＊　＊　＊

『日本とイエスの顔』

『日本とイエスの顔』は、一九七六年、北洋社より書下ろし作品として刊行される。著者四十九歳の処女出版である。神父が書いたキリスト教の一般書としては異例なほどに好評で、版を重ねるが、出版元である北洋社の出版業廃業により、一九八一年、講談社より新装版が刊行され、版を重ねる。一九九〇年、さらなる新装版が、日本キリスト教団出版局より刊行される。その際に著者は、十四頁におよぶ詳細な「あとがき——『日本とイエスの顔』をふりかえって」を付して、刊行以来寄せられた批判に応える。本巻の本文には、その「あとがき」が付されている。

最初の北洋社版には次の「まえがき」が付されていた。著者の処女作執筆の背後にある心境が述べられた重要な文章であるので、長い引用となるが、全文を掲載する。

> ヨーロッパでの共同生活が長かったせいか、あるいは私の育ってきた環境や性格のせいか、私自身にもよくわかりませんが、「日本人とキリスト教」という課題は、夢中でキリストを追い求めてきた私の人生にいつも大きな壁として立ちふさがってきていたような気がします。
>
> 真夜中の祈りを終えて自分の部屋へ帰る途中で、月の光を浴びて美しく輝いている南仏ボルドー付近の広いぶどう畠を眺めたとき、あるいは、雨の日にリヨンの街の巨大なカテードラルの前で射すくめられたように長い間立ちすくんでいたとき、いつも強く私の心をとらえたものは、入ろうとしても入ろうとしても、いつもはじき返されてしまう重いヨーロッパ文化の大河のような流れでした。
>
> フランスの片田舎《いなか》の食卓にならべられた赤葡萄酒《ぶどう》の色にも、山村のさびれた、少し崩れかかった教会堂

の壁にも、またフランスの友人たちがしゃべっていたフランス語のひとことひとことにも、どんなに風土と文化の歴史の重みがこめられているかを思い知らされてきた私でした。

東京の大学を卒業してからフランスにわたり、修業のために私がえらんで入ったキリスト教の修道院は、仏教でいえばちょうど福井の永平寺にでもあたるのでしょうか、カトリック教のうちでももっとも厳しい修道会に属していました。

ボルドーの町から車で四十分くらいの山奥にある人里離れた修道院で、食事のたべ方から廊下の歩き方まで、徹底的に私はそこの規則に従って生きそして死ぬつもりでした。道を得ることができれば死んでもいい、そう思いつめて入会した私でした。しかし、四年五年と歳月が流れていくうちに、自分は日本人以外の人間にはなんとしてもなれないのだ、という複雑な思いが、あるときは暗く、あるときは快く、私の心の中を吹き抜けてゆくのをどうすることもできませんでした。

文化には、その文化のものを見る目というものがあり、ものを感じる感じ方というものがある、そしてそれは私たちがそれを意識すると否とにかかわらず、深く私たちの心の深層に根をおろしているものだということを、しみじみと感じさせられたのでした。

八年間のヨーロッパでの生活を終えて日本に帰ってきてからは、憑《つ》かれたように、私は暇さえあれば京都や日本文化発祥の地である大和路を歩きまわりました。朝早く宿をぬけだして、鶯の声をききながら、浄瑠璃寺付近の春の大和路を散策していると、あの柔らかな線をもつ緑の丘が、次第に朝日をしっとりと身にうけて、十七、八歳の少女のような初々《ういうい》しさをもって私に微笑みかけてくるのです。初期万葉歌人の歌などをくちずさんでいるうちに、いつしか私の心は、あのおおらかな明るい、それでいてどこか繊細な古代人の世界のうちに沈んでゆきます。そしてしばらく歩いているうちに、この大和路の自分と、十字架の前でふだん祈りを捧げている自分と、この二つの自分が何となく無縁のように思われてきて、ふと立ちどまって、しばらくぼんやりと、かつて訪れた死海やエルサレムの城壁のイメージを緑の大和路の上に重ねてみるのでした。

イエスの教えを日本語であらわすこと、日本人の生活感情のうちに受けとめること、それが私の生涯に課せられた課題であるとさえ私は思うようになりました。

イエスは地中海沿岸のパレスチナに育った人で、ヨーロッパの人たちとは、言語系統も種族もまったく違います。そのイエスの教えをヨーロッパ人は自分たちの言葉と生活感情で受けとめました。それはヨーロッパ人がユダヤ人になったということとは違います。自分たちの生活感情や言語をすててユダヤ人のそれをとったということではありません。ヨーロッパ人はヨーロッパ人として、自分たちの文化や生活感情や言語に忠実に、しかもイエスの教えの中にある、時代や文化を超《こ》えて人類に普遍的な何かを受けとめ吸収していったのです。そこにキリスト教をぬきにしてはとうてい考えられないヨーロッパの歴史がうまれてきたのでしょう。

ヨーロッパの人たちができたものなら、それは私たち日本人にもできるはずだと私は思います。時代的なもの、文化的なものを超えた普遍的なイエスの教えは、日本の風土にでもちゃんと根をおろし花を咲かせることができるはずです。それは長い歳月のかかるたいへんな仕事かもしれません。その一つの小さな踏石にでもなれたらと思い、この拙《つたな》い本を書いてみました。

横文字を縦にただなおしてみても、それは結局のところ横文字でしかありません。宗教が単なる知識や学問の問題ではなく、全人格をかけた生命の問題である以上、言語を離れて私たちの生活がなりたつはずもありません。イエスがその全生命をかけて私たちに伝えようとなさったこと、真の人間の在り方とそこからおのずから湧《わ》きでてくる平和とやすらぎ、それを何とか日本語という素材の上に凝結させてみたい――それが私の心からの願いです。

なお、聖書の引用は、日本聖書協会発行のものを使いました。

最後に、本書をだすにあたっていろいろとお世話いただき、跋を書くことを快く承諾してくださった、遠藤周作、矢代静一、三浦朱門の三氏に、また出版をひきうけてくださり、種々御尽力頂いた北洋社の阿部礼次氏、櫛野義明氏、松崎勝氏に心から感謝したいと思います。

（『日本とイエスの顔』北洋社、一九七六年、5―8頁）

この北洋社版「まえがき」が、講談社版では「あとがき」として末尾に付され、北洋社版の最終段落の「最後に」以下の文章が次のように改められている。

本書は、はじめ昭和五十一年春に北洋社から出版され、さいわいに好評をえて版を重ねてまいりましたが、種々の事情により、このたび講談社から出版させて頂くことになりました。

さらに多くのかたがたに本書をお読みいただけることを心から嬉しく思うと同時に、このたび本書出版のためにいろいろと御尽力くださいました講談社のかたがた、特に松本道子氏、垣内智夫氏のお二人に心から感謝をささげたいと思います。

一九八一年初夏

著者

（『日本とイエスの顔』講談社、一九八一年、234頁）

なお、『日本とイエスの顔』は北洋社版・講談社版・日本キリスト教団出版局版すべて、聖書の引用は日本聖書協会発行の口語訳聖書を使用しており、本巻もそれにならっている。ただし、口語訳聖書の「アバ」の表記のみ、新共同訳聖書の「アッバ」の表記に置き換えて、『井上洋治著作選集』全巻の統一を図った。「アッバ」が井上洋治神父の重要な祈りの言葉となり、遺稿集の題名にも使われることを配慮したためである。また、現在では不快語と受け取られかねない語句や表現があるが、著者の意図にそうした思いはなく、著者が故人であることを考慮し、底本どおりの表記とした。底本には、日本キリスト教団出版局版『日本とイエスの顔』を使用した。

《井上洋治アーカイブス》

〈本書に寄せて〉

「日本人司祭・井上洋治」（遠藤周作）

「出会い」（矢代静一）

「井上神父のこと」（三浦朱門）

この三人による井上神父を紹介する文章は、北洋社版『日本とイエスの顔』（一九七六年三月）の末尾に、「本書に寄せて」と題して掲載されたものである。キリスト教専門の出版社ではない一般の出版社から刊行し、教会の外にいる多くの日本の人たちに読んでもらいたいという井上神父の意向を受けて、遠藤周作が北洋社との仲介をしたと考えられる。遠藤は前年にエッセイ集『吾が顔を見る能はじ』を北洋社から刊行しており、北洋社とつながりがあったことが確認できる。北洋社と出版の話が進むなかで、まだ一般には無名だった井上神父の処女出版にあたり、井上神父をよく知る三人の友人の作家が井上神父を紹介する跋文を書くということになったのであろうと察せられる。

なお、この三人の跋文が掲載されているのは、北洋社版のみである。

《井上洋治アーカイブス》

〈エッセイ〉

「日本とイエスの顔」（遠藤周作）

『季刊 創造』創刊号（一九七六年一〇月）に発表。以後、『異邦人の立場から』（一九九六年一二月、日本書籍刊）、『風』四三号・遠藤周作追悼号（一九九七年一二月）、『遠藤周作文学全集』第一三巻（二〇〇〇年五月）、各々に収録された。

『季刊 創造』はカトリックの文芸評論家武田友寿が編集人、遠藤周作、三浦朱門、矢代静一らのカトリック文学者と、阿部光子、佐古純一郎、佐藤泰正らプロテスタントの文学者が編集顧問となって聖文舎より刊行された、キリスト教に関わる文学を中心に、演劇、芸術、歴史等も含む文芸総合雑誌であり、井上神父も創刊号では阪田寛夫『背教』の書評を、第三号（一九七七年四月）では「同伴者イエス――遠藤周作のイエス観」を執筆している。

なお、この一九七六年には大原富枝が、前年には高橋たか子が、井上神父から洗礼を受けている。遠藤はエッセイ「次々と友人が受洗するのを見て」（『波』一九七七年一月）のなかで、この二人の受洗式に参加して、感無量になると述べ、二十年前に自分が小説を書き始めた頃にはキリスト教の信者が文壇にはほとんどいなかったのが、ヨーロッパでキリスト教が衰えている時に、キリスト教とは無縁と言われた日本で次々と小説家や劇作家が受洗していく姿を見ての感慨を語っている。そうした文壇仲間のなかにあって井上神父の存在が大きいことは、先の遠藤の「日本人司祭・井上洋治」のなかでも語られている。また、自分の実感のこもった日本語で一般の日本の人たちの心の琴線にふれる文章を書かなければ認められない作家たちとの交流から、井上神父が大きな刺激を受けたであろうことは想像に難くない。

＊　＊　＊

井上神父の求道の「霊性」の最初の結実

井上洋治神父は「霊性」について次のように語る。

パウロの『フィリピの信徒への手紙』に「キリストに捕らえられたから、自分はどうにかしてこれを捕らえようとして走っているのである」（3・12―14参照）ということばがあります。そういう生き方と言いますか、その人が本当に一生けんめいキリストを追って生きていく。そのときに何かその人の命の汗と言いますか、そういったものがしたたり落ちていく。その人の生きていく生き方のうしろに、したたり落ちていった命の汗というものがことばになっていく。その体験の一つひとつのことばになっていったものが「霊性」というものではないか。

（「現代の霊性を求めて」『キリスト教の神学と霊性』）

井上洋治神父は二〇一四年三月、八十六歳で帰天した。以来、私は、井上神父の遺稿の整理をはじめ、『井上洋治著作選集』の編集に携わり、解題を担当することになった。それはまさに井上神父が懸命にキリストを追って生きてきた後ろに「したたり落ちていった命の汗」が結晶化した言葉を辿る作業であり、井上神父の「霊性」に出会っていく体験であると身に沁みて感じている。特に井上神父の四十九歳までの求道の「霊性」の結実である処女作『日本とイエスの顔』には命の汗が結晶化した言葉がびっしりと詰まっていることを感じないではいられない。

西欧キリスト教の仕立て直しの第一作出版まで

井上神父の求道の「霊性」が『日本とイエスの顔』に結実するまでの人生の歩みを、遠藤周作との関係もふまえてここで記しておく。

井上洋治は、一九二七年に神奈川県津久井郡で生まれる。十代後半から直面した生の空しさと死への不安の心の闇を背負い、自死の誘惑さえ感じるほどに苦しみぬく。大学一年生の終りに、リジューのテレーズの『自叙伝』を読んで、イエスの福音による喜びと自由を知り、「キリストに捕らえられ」、洗礼へと導かれ、苦しみから解放される。それから「キリストを捕らえようとして走る」人生が出発し、テレーズと同じカルメル会の修道院に入る決意をする。

一九五〇年に東京大学文学部哲学科を卒業し、当時日本になかったカルメル会の男子修道院に入会のためにフランスに船で向かう。その四等船室で、遠藤周作とめぐりあう。その出会いを遠藤は「我々をこえた神秘な意志」が働いていて、「私の人生に大きな痕跡を残した」と言い（「めぐりあい―畏友『彼』」）、井上神父も「しみじみとした人生の不思議さを感じ」、偶然の背後に何かがあると述べる（『余白の旅』）。さらに、遠藤は旅行記「赤ゲットの佛蘭西旅行」（『ルーアンの丘』）のなかで、船室で一か月生活を共にした井上について「彼の体は強くない。寂しがりやで気が弱い彼が、ぼくは何だか自分の弟のように思えたのです。ぼくはなぜか、彼が好きでした」

「ぼくは君を見ると自分がずっと下の人生を歩んでいるような気がしてならない。もし、君が意志の強い、体の強い人間だったら、ぼくはそうまで感じなかったろう。けれども君が肉体の上でぼくと同じように弱いだけ、その君が黙ってカルメルにはいって行くのを見ると、ぼくはつらい気がする」と語る。

井上は遠藤らと別れ、ボルドー近郊の修道院に入り、祈りと労働に徹する修行生活を送り、一年の修行で疲れ果てていたところに、遠藤の訪問を受け、力をえる。遠藤も日記のなかで「ぼくは本当に真剣になって、主に、この井上と会わしていただいた事を感謝した。そして、主にぼくはぼくもまた、きびしい、信仰をさずけ給えと祈った」と記す。

井上はその後、リヨン、ローマ、リールの各大学で神学を学ぶ。そこで西欧キリスト教のスコラ神学に基づく理性中心の神の捉え方に違和感をもち、それを身に付けなければならないことに耐えがたい息苦しさを感じる。そうしたなかで、東方キリスト教の神学に出会い、その理性中心ではない神の捉え方に接して精神的な解放感をえる。そして東方には西欧とは違うキリスト教の捉え方があるように、日本には日本のキリスト教の捉え方があってよいのだとの思いに至り、七年半の勉学、修行を終えて、帰国する。直ぐに遠藤を訪ね、日本人にイエスの福音を伝えるために日本人の心情でキリスト教を捉え直すという課題を背負って帰国したことを伝えると、自分も同じ課題を背負っていると言う遠藤から、誰も踏み入ったことのない地を自分たちの力で開拓するのは長い時間のかかる仕事だが、次世代の踏石になれるようしっかりやろうと励まされ、以後、共にこの課題に生涯を賭けるようになる。

一九六〇年、日本人は日本人としてキリスト教を受け入れるべきだと主張する井上神学生は、司祭への道から除外される可能性が極めて高かったなかで司祭に叙階される。結核を再発し病床にあった遠藤は誰よりも喜び、ミサに使う高価な聖杯《カリス》を贈る。司祭になった井上は、死と向き合う入院中の遠藤を支える。三年近い病床体験を経て復帰した遠藤が『沈黙』の取材で長崎を旅する際に、井上神父も三浦朱門と共に同行し、遠藤からキチジローのような弱虫のための神父になってくれよと言われる。

東京教区の司祭になった井上神父は、カトリック世田谷教会、続いて洗足教会にそれぞれ二年助任司祭として赴任する。そこで、初めてキリスト教に接する入門者に西洋直輸入の「公教要理」を教えても役に立たないことを実感し、イエスの福音を日本人の心情で嚙み砕き自分のものにして自分の日本語で表現することを、自らの課題の出発点にしなければと決意する。また、教会の信者を導く初めての司牧経験のなかで、生老病死の重みに喘ぐ人々の哀しみに直面し、宗教家とは何なのかという自らの生き方の根本を問う。そうしたなか、日本文化の底流を探る思索を深めてくれる様々な著作を読む過程で、法然に出会い、その姿に同じ宗教家として心惹かれていく。

一九六四年には、カトリック学生センターである東京・信濃町の真生会館に赴任、一九六六年には、日野市にある豊田教会に赴任し、主任司祭を四年間務める。この年の三月に刊行された遠藤の『沈黙』を読み、西欧キリスト教の仕立て直しの第一作で最高傑作と思うが、一方で『沈黙』に対して日本のキリスト教界からは轟々たる非難が起こり、一人でその非難を浴びた遠藤を、一田舎司祭として援護できなかったことに心を痛め、もっとしっかりと新約聖書の勉学に取り組まねばという課題を突き付けられる。

一九七〇年には、東京・石神井の東京カトリック神学院に赴任し、養成担当を三年間務める。この間、内外の著名な聖書学者の著作を読みふけるなかで、エレミアスの『新約聖書の中心的使信』における「イエスの示した神はアッバとよべる神」という指摘に接し、テレーズの「霊的幼子の道」の霊性がイエスの使信の中心を射当てたものであることを知る。また、遠藤に誘われて矢代静一らと、イエスの足跡を訪ねる初のイスラエル巡礼を行い、砂漠を背景とするユダヤ教と命溢れるガリラヤ湖を背景とするキリスト教の風土の対照的な違いに注目する視点をもつ。

一九七三年には、遠藤が西欧キリスト教の仕立て直しの第二作『死海のほとり』およびその小説の創作ノートの一部で、日本人につかめるイエス像を探究した聖書研究の結実である『イエスの生涯』を刊行する。井上神父も、教会の外の人々にイエスの福音を伝える活動に従事することを願って大司教から許可され、中目黒のフランシスコ会修道院に寄宿し、そこで、遠藤と共に日本人の心情でキリスト教を捉え直すという課題を背負って歩んできたなかで形をなしてきた思索を一冊の書物にまとめる作業を始める。そして、三年後の一九七六年、遠藤の仲立ちによって一般の出版社の北洋社から、井上神父による西欧キリスト教仕立て直しの第一作『日本とイエスの顔』が刊行される。

（やまねみちひろ・ノートルダム清心女子大学教授）

※引用の出典や用語解説は、編集の段階で付した。尚、引用の表記法は、本著作選集の表記法とした。

井上洋治（いのうえ・ようじ）
1927 年、神奈川県に生まれる。東京大学文学部哲学科を卒業。1950 年、フランスに渡り、カルメル修道会に入会、修道のかたわらリヨン、リールの各大学で学ぶ。1957 年カルメル会を退会し、帰国。1960 年、司祭となる。1986 年より「風の家」を創める。2014 年 3 月 8 日逝去。

編者　山根道公（やまね・みちひろ）
1960 年、岡山県に生まれる。早稲田大学、立教大学大学院修了。文学博士。ノートルダム清心女子大学キリスト教文化研究所教授。『遠藤周作文学全集』全 15 巻解題及び年譜を担当。主著『風のなかの想い――キリスト教の文化内開花の試み』（共著）『遠藤周作――その人生と「沈黙」の真実』『遠藤周作「深い河」を読む――マザー・テレサ、宮沢賢治と響きあう世界』ほか。
1986 年より井上洋治神父とともに「風の家」運動を行い、その機関誌「風（プネウマ）」を発行する風編集室（〒 700–0808 岡山市北区大和町 1–13–1）代表。

日本とイエスの顔　井上洋治著作選集 1

2015 年 7 月 20 日　初版発行

発行 ………… 日本キリスト教団出版局
〒 169-0051　東京都新宿区西早稲田 2-3-18
電話・営業 03（3204）0422、編集 03（3204）0424
http://bp-uccj.jp
印刷・製本 … 精興社
ISBN 978-4-8184-0911-8　C0016
Printed in Japan

本書は前記奥付に表示した書籍を底本とする復刻版です。

日本とイエスの顔　井上洋治著作選集 1（オンデマンド版）

2022 年 3 月 10 日　発行

発行 ………… 日本キリスト教団出版局
〒 169-0051　東京都新宿区西早稲田 2-3-18
電話・営業 03（3204）0422、編集 03（3204）0424
https://bp-uccj.jp
印刷・製本 … デジタル・パブリッシングサービス
ISBN 978-4-8184-5131-5　C0016
Printed in Japan